NCS
직업
윤리

직업
윤리

초판발행 2015년 11월 10일　**5쇄발행** 2021년 10월 20일　**저 자** 한국표준협회 NCS연구회
펴낸이 박 용　**펴낸곳** (주)박문각출판　**표지디자인** 한기현　**디자인** 이현숙
등 록 2015. 4. 29. 제2015-000104호　**주 소** 06654 서울시 서초구 효령로 283 서경빌딩
전 화 02) 6466-7202　**홈페이지** www.pmg.co.kr

ISBN 979-11-7023-217-9 / ISBN 979-11-7023-071-7(세트)
정가 11,000원

NCS

직업기초능력평가

기업·공공기관 취업 대비

최고 합격 전략서

직업
윤리

NCS 기반 직업기초능력 시리즈

한국표준협회 NCS연구회 편저

ΩMG 박문각

Preface ㅣ 머리말

기업의 채용 트렌드와 관련하여 가장 큰 변화는 '탈 스펙화'의 바람입니다. 주요 기업들이 과거 학벌, 스펙, 어학점수, 수상 경력 등을 중심으로 인재를 선발했다면 이제는 해당 기업에서 요구하는 인재상에 얼마나 부합하고 있는지, 선발 이후 조직에 잘 적응할 수 있을지, 그리고 기업에서 오랫동안 일을 할 수 있을지에 대한 역량과 열정 등을 우선적인 요소로 꼽고 있는 것입니다.

국가직무능력표준(NCS, National Competency Standards)은 산업현장에서 직무를 성공적으로 수행하기 위해 필요한 능력(지식·기술·태도)을 국가적 차원에서 표준화한 것을 의미합니다.

특히 직업기초능력은 모든 직무에서 공통적으로 요구하고 필요로 하는 능력을 정의한 것입니다. 그중에서도 직업윤리는 '업무를 수행함에 있어 원만한 직업생활을 위해 필요한 태도, 매너, 올바른 직업관'과 더불어 직장인으로서 갖춰어야 할 성격과 인성, 가치관을 의미합니다. 그리고 이것은 많은 기업에서 신입사원이 갖추어야 할 필수 요소로 꼽고 있는 '성실성', '책임감'을 비롯하여 근면성, 봉사, 준법성, 직장예절 등의 다양한 요소들을 포함하고 있습니다.

사실 직업윤리는 낯선 개념이 아닙니다. 어린 시절부터 익히 들어온 도덕적 가치와 윤리적 행동들을 여러분이 진출할 사회, 즉 직장생활에 맞게 시간과 공간을 달리하여 적용한 것입니다. 그렇기 때문에 미리 겁먹거나 어려워하지 않았으면 좋겠습니다. 가장 기본적인 가치는 초등학교 시절에 배운 도덕 교과서 안에 있습니다. 다만 어린이로서 해야 할 행동과 어른, 직장인으로서 해야 할 행동이 다른 것뿐입니다. 따라서 어떻게 해야 하는지 알고 있지만 미처 행동으로 옮기지 못했던 것들을 스스로 되돌아보는 시간이 될 것입니다.

물론 본서를 통한 학습만으로 직업윤리에 대한 모든 것을 이해하고 받아들이기에는 부족할 것입니다. 더군다나 이를 일상생활에서 실천으로 옮겨 습관화하는 것은 더욱더 어려울 것입니다. 다른 직업기초능력도 마찬가지겠지만 특히 직업윤리는 지식에서 그치는 것이 아닌 행동으로 옮겨야 하는 요소들이 많습니다. 그리고 이것은 여러분의 끊임없는 노력과 고민을 통해서만이 습관화될 수 있습니다. 한 줄의 글을 읽고 이해하는 것은 쉽지만 그것을 행동으로 옮기는 데에는 많은 노력이 필요합니다. 그리고 이러한 노력으로 인해 변화된 모습은 여러분의 가치를 높여 줄 것입니다.

부디 본서를 통해 직장에서 요구하는 직업윤리의 가치 덕목에는 무엇이 있는지, 그리고 더 나아가 직업기초능력에서의 직업윤리의 개념과 NCS 기반의 능력중심채용을 올바로 이해하고 접근하는 방향은 무엇인지 생각해 볼 수 있는 시간이 되기를 기대합니다.

Guide | 이 책의 활용법

사전 평가 → 이론 → 사례 연구 → 탐구 활동 → 학습 평가 → Tip → 학습 정리 → 사후 평가

사전 평가 [1]

체크리스트

다음은 모든 직업인에게 일반적으로 요구되는 직업윤리 수준을 스스로 알아볼 수 있는 체크리스트이다. 본인의 평소 행동을 잘 생각해 보고, 행동과 일치하는 것에 체크해 보시오.

문항	그렇지 않은 편이다.	그저 그렇다.	그런 편이다.
1. 나는 사람과 사람 사이에 지켜야 할 도리를 지킨다.	1	2	3
2. 나는 시대와 사회 상황이 요구하는 윤리규범을 알고 적절히 대처한다.	1	2	3
3. 나는 직업이 나의 삶에 있어서 큰 의미가 있으며 중요하다고 생각한다.	1	2	3
4. 나는 업무를 수행하는 중에는 개인으로서가 아니라 직업인으로서 지켜야 할 역할을 더 중요하게 생각한다.	1	2	3
5. 나는 내가 세운 목표를 달성하기 위해 규칙적이고 부지런한 생활을 유지한다.	1	2	3
6. 나는 직장생활에서 정해진 시간을 준수하며 생활한다.	1	2	3
7. 나는 이익이 되는 일보다는 옳고 유익한 일을 하려고 한다.	1	2	3
8. 나는 일을 하는 데 있어 이익이 되더라도 윤리규범에 어긋나는 일은 지적하는 편이다.	1	2	3
9. 나는 조직 내에서 속이거나 숨김없이 참되고 바르게 행동하려 노력한다.	1	2	3
10. 나는 지킬 수 있는 약속만을 말하고 메모하여 지키려고 노력한다.	1	2	3
11. 나는 내가 맡은 일을 존중하고 자부심이 있으며, 정성을 다하여 처리한다.	1	2	3

01 사전 / 사후 평가

사전 평가는 본서를 학습하기 전에 직업기초능력의 각 하위능력에 대한 학습자의 현재 수준을 진단하고, 학습자에게 필요한 학습활동을 안내하는 역할을 합니다. 이 평가지를 통해 학습자는 자신의 강점과 약점에 대해 미리 파악할 수 있습니다.

사후 평가는 학습자들이 본인의 성취 수준을 평가하고, 부족한 부분을 피드백받을 수 있도록 하기 위한 마지막 단계입니다. 체크리스트가 제시되어 있으므로, 학습자의 향상도 체크에도 활용할 수 있습니다.

제1절 윤리의 의미

1 윤리란 무엇인가?

인간(人間)이란 단어가 나타내는 가장 대표적인 사람의 특징은 '사회적 존재'라는 점에 있다. '인(人)'과 '간(間)'이라는 글자 모두 사람과 사람이 함께 있다는 것을 나타내기 때문이다. 즉, 홀로 존재하는 것이 아니라 다른 사람과 기대어 존재하는 것이 사람이고(人), 다른 사람과의 관계 속에서 삶을 사는 것이 바로 사람이기(間) 때문이다. 자연 속에서 홀로 '나 혼자'만의 생활을 영위하는 사람들이 간혹 존재하는 듯하나 다소 공간적·시간적으로 멀리, 그리고 한동안 떨어져서 존재하므로 엄밀한 의미에서 말하자면 그 역시 사람과 사람 사이에 있는 사회적 인간임에는 틀림없다.

이렇듯 인간의 생활은 다른 사람과 함께 어울려 살아가는 행위들의 연속된 과정이다. 인간의 모든 행위들은 각 개인이 가지고 있는 욕구(걷고 싶다거나 먹고 싶다거나 하는 사소한 욕구에서부터 자신의 꿈을 위한 욕구 등) 충족에서 시작되는데, 이때 필연적으로 발생하는 것이 바로 '갈등'이다. 왜냐하면 동일한 욕구를 가진 존재는 '나' 외에도 무수히 많으며, 가지고자 하는 것이 제한되어 있을 수도 있고, 서로 추구하는 방법이 동일할 경우에 충돌이 발생할 가능성도 있기 때문이다. 따라서 인간은 사회적 동물이기 때문에 집단생활에서 오는 복잡한 문제를 발생시킬 가능성을 항상 내포하고 있는 것이다.

과거에는 사람들 간의 삶의 형태가 비슷하고 이를 위한 공통적인 규칙이 있어 이를 중심으로 한 생활이 가능했기 때문에 그것을 따르고, 지키도록 하는 것이 어렵지 않았다. 하지만 현대 사회는 개별 인간들의 주체적 삶과 이에 따른 자율성 등이 강조되고 있는 사회이기 때문에 모두가 인정하는 하나의 규칙을 내세우

02 이론학습

직업기초능력 중 직업윤리의 하위능력과 세부요소로 구성되어 있습니다. 이를 자세히 살펴보면 1장 직업윤리 – 2장 근로윤리 – 3장 공동체윤리의 순서로 구성되어 있으며, 이를 통해 직업윤리에 대한 학습을 완결지을 수 있습니다.

직업기초능력	하위능력	세부요소	교재목차
직업윤리			1장
	근로윤리	근면성	2장
		정직성	
		성실성	
	공동체윤리	봉사정신	3장
		책임 의식	
		준법성	
		직장 예절	

사례연구 ❶

안락사의 새로운 정의

지난해 말 김 할머니의 존엄사, 혹은 안락사 문제는 '생명의 끝'에 대한 여러 가지 논란을 촉발시켰다. 의학적으로 무의미한 연명 치료를 중단하는 것이 환자 본인에게, 또 가족과 의사의 윤리에는 어떤 합의점을 갖는지 많은 생각을 하게 되었다. 이런 논란의 중심에는 "식물인간 상태의 환자는 정말로 아무것도 생각할 수 없고 느낄 수 없는 상태인가."라는 질문이 있다. 지금까지 그 누구도 답을 줄 수 없는 문제였기에 안락사, 존엄사와 관련된 논쟁이 이만치나 뜨거웠던 것이다. 그런데 최근 한 연구가 발표되어 생명윤리에 대한 논란이 새로운 국면으로 접어들게 되었다. 영국과 벨기에 연구팀이 7년된 식물인간의 의식·마음의 뇌신경 신호를 읽어냄으로써 환자와 '대화'가 가능하다고 보고한 것이다.

탐구활동

1. 인간의 삶에 있어서 윤리가 필요한 이유 3가지를 기술해 보자.

   ①

   ②

   ③

2. 옳지 못한 행동을 알고 있으면서도 스스로의 결정에 따라 거짓말을 한 적이 있다면 그 사례와 이유를 기술해 보자.

   〈사례〉

03 사례연구 / 탐구활동

사례연구는 학습자들이 습득한 이론과 관련된 사례 및 교육적 시사점을 제시하는 부분으로, 학습자들이 앞에서 배운 이론을 보다 쉽게 이해하는 데 도움을 주는 역할을 합니다.

또한, 학습자들은 사례연구를 바탕으로 여러 가지 의견을 나누어 보는 탐구활동을 통하여 자신의 생각과 의견을 넓혀 나가게 됩니다.

학습평가

정답 및 해설 p.188

1 ( ) 안에 알맞은 말을 채워 넣으시오.

   인간의 삶에 있어서 태어난다고 하는 것은 자신의 의지에 따라 선택할 수 있는 것이 아니다. 그러나 태어난 후 인생을 살아간다는 것은 자신의 의지에 따라 그 ( )와/과 ( )을/를 선택하는 것이다.

2 직업과 관련된 가치관에 대한 설명으로 바르지 않은 것을 고르시오.

   ① 직업을 갖는다는 것은 단순히 '돈'을 벌기 위한 의무적 행동이다.

학·습·정·리

1. 윤리란 다른 사람과 함께 생활하는 공간에 있어 개인과 타인을 위해 필요한 무조건적인 규범이며 그 기준이 외부가 아닌 내 안의 스스로의 양심에 있다.

2. 윤리적 행동을 바라보는 시각으로는 의무적 측면을 강조하는 '의무론적 윤리설(Deontological Ethics)'과 결과적 측면을 강조하는 '목적론적 윤리설(Teleological Ethics)'로 구분된다.

3. 직업 선택에 영향을 미치는 요인 중 가장 중요한 것은 바로 직업 선택의 주체인 '자신의 의지'이다.

4. 직업윤리의 개념은 학자마다 다르게 해석될 수 있으나 대체로 '직업인으로서 마땅히 지켜야 하는 도덕적 가치관'을 뜻하고 있다.

5. 직업윤리란 해당 직업의 변천 과정에 따라 해당 직업군에 종사하고 있는 사람들이 특히 더 중시하고 지켜야 할 가치규범이라고 할 수 있다.

04 학습평가 / 학습정리

학습평가는 학습자들이 습득한 이론을 바탕으로 문제를 풀어 보면서 실력을 점검할 수 있도록 하는 역할을 합니다. 학습자들은 앞에서 습득한 이론과 사례를 토대로 문제를 풀면서 옳고 그름을 판별할 수 있게 됩니다.

또한, 학습자들은 앞에서 배운 이론을 간단하게 요약한 학습정리를 통하여 자신의 실력을 탄탄하게 다질 수 있게 됩니다.

Contents I 차례

사전 평가[1]

체크리스트

다음은 모든 직업인에게 일반적으로 요구되는 직업윤리 수준을 스스로 알아볼 수 있는 체크리스트이다. 본인의 평소 행동을 잘 생각해 보고, 행동과 일치하는 것에 체크해 보시오.

문항	그렇지 않은 편이다.	그저 그렇다.	그런 편이다.
1. 나는 사람과 사람 사이에 지켜야 할 도리를 지킨다.	1	2	3
2. 나는 시대와 사회 상황이 요구하는 윤리규범을 알고 적절히 대처한다.	1	2	3
3. 나는 직업이 나의 삶에 있어서 큰 의미가 있으며 중요하다고 생각한다.	1	2	3
4. 나는 업무를 수행하는 중에는 개인으로서가 아니라 직업인으로서 지켜야 할 역할을 더 중요하게 생각한다.	1	2	3
5. 나는 내가 세운 목표를 달성하기 위해 규칙적이고 부지런한 생활을 유지한다.	1	2	3
6. 나는 직장생활에서 정해진 시간을 준수하며 생활한다.	1	2	3
7. 나는 이익이 되는 일보다는 옳고 유익한 일을 하려고 한다.	1	2	3
8. 나는 일을 하는 데 있어 이익이 되더라도 윤리규범에 어긋나는 일은 지적하는 편이다.	1	2	3
9. 나는 조직 내에서 속이거나 숨김없이 참되고 바르게 행동하려 노력한다.	1	2	3
10. 나는 지킬 수 있는 약속만을 말하고 메모하여 지키려고 노력한다.	1	2	3
11. 나는 내가 맡은 일을 존중하고 자부심이 있으며, 정성을 다하여 처리한다.	1	2	3
12. 나는 건전한 직장생활을 위해 검소한 생활 자세를 유지하고 심신을 단련하는 편이다.	1	2	3
13. 나는 내 업무보다 다른 사람의 업무가 중요할 때, 다른 사람의 업무도 적극적으로 도와주는 편이다.	1	2	3
14. 나는 평소에 나 자신의 이익도 중요하지만, 국가, 사회, 기업의 이익도 중요하다고 생각하는 편이다.	1	2	3
15. 내가 속한 조직에 힘들고 어려운 일이 있으면 지시받기 전에 자율적으로 해결하려고 노력하는 편이다.	1	2	3

	1	2	3
16. 내가 속한 조직에 주어진 업무는 제한된 시간까지 처리하려고 하는 편이다.	1	2	3
17. 나는 속한 조직에서 책임과 역할을 다하며, 자신의 권리를 보호하기 위해 노력한다.	1	2	3
18. 나는 업무를 수행함에 있어 조직의 규칙과 규범에 따라 업무를 수행하는 편이다.	1	2	3
19. 나는 조직생활에 있어서 공과 사를 구별하고 단정한 몸가짐을 하는 편이다.	1	2	3
20. 나는 질책보다는 칭찬이나 격려 등의 긍정적인 언행을 더욱 하는 편이다.	1	2	3

평가 방법

체크리스트의 문항별로 자신이 체크한 결과를 아래 표를 이용하여 해당하는 개수를 적어 보자.

문항	수준	개수	학습모듈	교재 Page
1~4번	그렇지 않은 편이다. (부정)	( )개	직업윤리	pp.14~61
	그저 그렇다. (보통)	( )개		
	그런 편이다. (긍정)	( )개		
5~12번	그렇지 않은 편이다. (부정)	( )개	근로윤리	pp.64~113
	그저 그렇다. (보통)	( )개		
	그런 편이다. (긍정)	( )개		
13~20번	그렇지 않은 편이다. (부정)	( )개	공동체윤리	pp.116~183
	그저 그렇다. (보통)	( )개		
	그런 편이다. (긍정)	( )개		

평가 결과

진단 방법에 따라 자신의 수준을 진단한 후, 한 문항이라도 '그렇지 않은 편이다'가 나오면 그 부분이 부족한 것이기 때문에 제시된 학습 내용과 교재 Page를 참조하여 해당하는 내용을 학습하시오.

---

1) 출처: 직업윤리 학습자용 워크북 pp.5~6, 국가직무능력표준 홈페이지(http://www.ncs.go.kr)

NCS
직업기초능력평가

직업
윤리

Chapter

01

직업윤리

제❶장
직업윤리

▶▶ 학습목표

구분	학습목표
일반목표	인간의 삶에 있어서 윤리의 의미와 가치를 직업생활 내에 적용할 수 있으며, 직업윤리가 가진 의미와 중요성을 인식할 수 있다.
세부목표	1. 윤리의 의미와 필요성에 대해서 설명할 수 있다. 2. 직업이 가진 다양한 가치를 이해할 수 있으며 이를 인간의 삶과 연관시켜 적용할 수 있다. 3. 직업윤리의 의미와 중요성을 이해하고, 이를 실제 생활 내에서 활용할 수 있다.

▶▶ 주요 용어 정리

윤리

다른 사람과 함께 생활하는 공간에 있어 개인과 타인을 위해 필요한 무조건적인 규범으로 그 기준이 스스로의 양심에 있는 가치 기준을 의미한다.

직업윤리

직업인으로서 마땅히 지켜야 하는 도덕적 가치관을 의미하는 것으로 일정한 사회적 규범이 같은 직종에 속하는 사람들의 의식 속에 내재화된 윤리를 말한다.

제1절 윤리의 의미

■ 윤리란 무엇인가?

인간(人間)이란 단어가 나타내는 가장 대표적인 사람의 특징은 '사회적 존재'라는 점에 있다. '인(人)'과 '간(間)'이라는 글자 모두 사람과 사람이 함께 있다는 것을 나타내기 때문이다. 즉, 홀로 존재하는 것이 아니라 다른 사람과 기대어 존재하는 것이 사람이고(人), 다른 사람과의 관계 속에서 삶을 사는 것이 바로 사람이기(間) 때문이다. 자연 속에서 홀로 '나 혼자'만의 생활을 영위하는 사람들이 간혹 존재하는 듯하나 다소 공간적·시간적으로 멀리, 그리고 한동안 떨어져서 존재하므로 엄밀한 의미에서 말하자면 그 역시 사람과 사람 사이에 있는 사회적 인간임에는 틀림없다.

이렇듯 인간의 생활은 다른 사람과 함께 어울려 살아가는 행위들의 연속된 과정이다. 인간의 모든 행위들은 각 개인이 가지고 있는 욕구(걷고 싶다거나 먹고 싶다거나 하는 사소한 욕구에서부터 자신의 꿈을 위한 욕구 등) 충족에서 시작되는데, 이때 필연적으로 발생하는 것이 바로 '갈등'이다. 왜냐하면 동일한 욕구를 가진 존재는 '나' 외에도 무수히 많으며, 가지고자 하는 것이 제한되어 있을 수도 있고, 서로 추구하는 방법이 동일할 경우에 충돌이 발생할 가능성도 있기 때문이다. 따라서 인간은 사회적 동물이기 때문에 집단생활에서 오는 복잡한 문제를 발생시킬 가능성을 항상 내포하고 있는 것이다.

과거에는 사람들 간의 삶의 형태가 비슷하고 이를 위한 공통적인 규칙이 있어 이를 중심으로 한 생활이 가능했기 때문에 그것을 따르고, 지키도록 하는 것이 어렵지 않았다. 하지만 현대 사회는 개별 인간들의 주체적 삶과 이에 따른 자율성 등이 강조되고 있는 사회이기 때문에 모두가 인정하는 하나의 규칙을 내세우는 것이 어렵게 되었다. 게다가 인간의 존엄성을 가볍게 여기는, 예를 들면 보험금을 목적으로 가족 간에 목숨을 빼앗아 간다거나 돈을 벌기 위해 자신의 몸을 가볍게 여기거나, 타인의 장기매매를 알선하는 등의 비인륜적인 사건들이 많이 발생하고 있다. 이것은 기존에 공통적으로 중시했던 명확한 삶의 기준이 흔들리고, 돈이나 물질 혹은 비이성적 가치관이 개입된 행동들이 점점 만연하고 있다는 것을 의미한다. 무엇이 옳고 그른 것인지 명확하지 않은 상황에서 서로 자신이 생각하는 것, 행동하는 것이 옳다고 주장하는 것이다. 이처럼 사회가 혼란스러울 수록 명확한 가치를 요구하게 되는데, 그것을 우리는 '윤리'에서 찾을 수 있다.

그렇다면 윤리(倫理)란 무엇인가? 이에 대한 의미를 보다 명확히 하기 위하여 동 양적 시각과 서양적 시각에서의 윤리의 의미를 알아보고, 윤리를 그와 유사한 사 회적 가치 규범과 비교해보도록 하자.

먼저 동양적 입장에서 바라본 윤리는 다음과 같다. 윤리에서 '윤(倫)'은 무리, 또 래 등을 의미하며 '리(理)'는 '옥을 다듬다, 꾸미다, 장식하다'에서 비롯되어 이치, 이법, 도리를 의미한다. 즉, 윤리는 '사람과 사람 사이의 관계, 곧 인간관계의 이 치로 인간관계에서 마땅히 지켜야 할 도리'를 의미한다. 마땅히 지켜야 함은 이를 위한 목적이나 이유가 있어서가 아닌 '무조건적'인 의미를 지닌다. 사람이기에, 그 리고 사람과 함께 살아가고 있기에 상호 간에 조건없이 지켜야 할 룰(Rule)을 의 미하는 것이다.

서양에서는 윤리와 도덕을 'Ethics'와 'Moral'로 구분한다. 'Ethics'의 어원은 희 랍어인 'Ethos'로 원래 의미인 거주, 거주지, 체류지 등을 비롯하여 익숙한 언행 양식, 익숙하게 말하는 방식, 익숙한 표현 방식, 가치 있는 성향·성품 등을 의미 한다. 'Moral'은 라틴어인 'Mores'가 어원으로 제재가 가해질 수 있는 확정된 관 행, 관례, 규칙, 법칙, 신의 율법 등을 의미하고, 단수인 'Mos'는 개인의 습관, 용 법, 유행, 관행을 의미한다. 여기에서 주목해야 할 것은 'Ethos'와 'Mores'가 타 인과 함께 생활하는 공간인 장소를 전제로 한다는 점이다. 즉, '공동생활 양식', '거주지', '체류지'라고 하는 공간을 내포하고 있으며, 그곳에서 함께 생활하는 인 간의 습속(習俗)이나 성품을 뜻하는 단어인 것이다.

즉, 동서양을 통해서 바라본 윤리 개념의 공통적인 성격이 타인과 함께 생활하 는 공간에 있어 개인과 다른 이들을 위해 필요한 무조건적인 규범이며 그 기준이 외부가 아닌 내 스스로의 양심에 있다는 것임을 알 수 있다.

우리는 윤리가 인간이 인간으로서 살아가는 데 있어 지켜야 할 도리이며, 기본적 인 사회생활의 규범으로써 그 사회에 존재하는 한 반드시 지켜야 할 인간의 행위 라고 앞에서 살펴보았다. 그렇다면 여러분이 익히 들어본 도덕, 가치, 철학 등과 는 어떤 차이가 있는지 알아봄으로써 윤리의 개념을 보다 정확히 알아보자.

많은 사람들이 윤리와 가장 구분하기 힘들어 하는 개념이 바로 도덕이다. 도덕을

윤리와 유사하게 인간으로서 올바르게 행동하는 마음가짐이라고 생각하기 쉽기 때문이다. 실제로 도덕은 개개인이 조화를 이루어 다른 사람과 함께 공동체를 이루고, 개인의 자아실현과 행복을 추구하기 위해 구성된 질서와 행위 규범을 뜻한다. 즉, 도덕은 인간만이 가진 이성과 경험을 판단의 기초로 하여 인간이 인식하는 대상과 그들 사이의 관계를 합리적인 추론이라는 인식 방법을 사용하여 연구하는 것이다. 이를 통해 보았을 때 도덕 자체를 학문으로 보기보다는 옳고 그름을 판단하여 도덕에 관한 연구를 하는 학문이 윤리학이라고 이해하는 것이 좋을 것이다.

흔히 우리가 '가치가 있다'고 하는 말은 다른 말로 표현했을 때 '도적적으로 타당하다', 혹은 '소중하다', '좋다'는 말로 이해하기가 쉽다. 일반적으로 가치는 시공간을 초월하여 현실적으로 의미가 있을 때만 존재가 가능하며, 그 자체가 그것을 판단하는 사람들의 주관이 전제된 신념이기 때문에 객관적인 평가가 어려울 수 있다. 일반적으로 인간에게 있어서 선택은 이성적인 판단으로 모두 결정되지는 않으며 개인적인 가치에 따른 평가에 따라서 좌우되는 경우가 많다. 여기서 가치는 사람들이 가지고 있는 믿음, 그리고 그들의 행동을 지배하는 결정적인 감정 체계라고 할 수 있으며, 사람들의 행동을 결정짓는 가장 기본적인 힘이되므로 어린 시절부터 올바른 가치관을 확립하는 것이 중요하다.

또한, 이런 가치에 대하여 옳고 그름의 규범적 기준을 부여하는 것이 바로 윤리이다. 철학자 로웬버그와 돌고프는 "윤리는 '무엇이 맞고 옳은가'에 대한 행동규범이고, 가치는 '무엇이 좋고 바람직한가'에 대한 관심이며, 윤리학은 '올바른 행위에 대한 물음'이다."라고 말한 적이 있다. 즉, 윤리란 옳고 그름을 다루는 것이며, 가치는 무엇이 좋고 싫은가를 다룬다는 것이다. 사람마다 이를 바라보는 입장에 차이가 있겠지만, 옳고 그름이라고 하는 것은 동일한 시공간에 존재하는 사람들 사이에 기준이 동일하며, 명확한 규범적 성격이 강하고, 가치라고 하는 것은 각각의 개별적인 인간들 사이에서 기준이 상이할 수 있는 상대적인 개념인 것이다.

끝으로 윤리를 철학과 비교해 보자. 흔히들 철학자라고 생각하면 답이 없고 무의미한 것들을 끊임없이 고민하고 자신만의 해답을 찾는 사람이라고 생각하기 쉽다. 실제로 철학은 존재하는 모든 것을 탐구 대상으로 하기 때문에 그 범주를 한정 짓기가 쉽지 않다. 그렇기 때문에 철학은 넓은 의미에서 보면 인간과 그것을 둘러싼 모든 것에 대한 연구라고도 할 수 있다. 반면 윤리란 그 대상을 인간으로 한정 짓는다. 인간으로서 지켜야 할 도리와 규범으로 도덕의 본질과 근거에 대한 철학적 탐구이며, 궁극적으로 행동으로 유도하고자 하는 실천 철학인 것이다. 그러나 철학이 단순 이론에 그친다면 윤리는 그것에 더해 행동으로 옮긴다는 점에서 철학을 넘어섰다고도 할 수 있다. 이에 인간의 삶에 대한 철학적 이해는 윤리적 행동으로 옮기기 위한 기반이 됨과 동시에 그 실천 근거에 있어서 보다 명확한 이유를 제시해 준다.

② 윤리를 왜 배워야 하는가?

윤리라고 하면 편협한 생각을 갖고 있거나 다른 사회적 가치 규범과 혼돈을 일으키는 사람이 적지 않다. 혹은 해야 할 것과 그렇지 않을 것을 구분해 놓은 목록이나 지침으로 생각하기도 한다. 예를 들면, "거짓말을 하지 마라.", "다른 사람을 해하지 마라.", "부모님께 효도하라." 등과 같은 말들이 그 대표적인 예시이다. 이러한 말들은 주로 태어났을 때부터 부모에 의해 지속적·반복적으로 주입된 말로 무조건적인 절대 규칙이라고 여기기 쉽다. 지금 돌이켜 보아도 이에 대해 의심이나 잘못된 주장이라고 생각하기는 선뜻 쉽지 않다.

그러나 문제는 위의 명제가 잘못되었다는 것이 아니라 위의 명제를 자신의 상황에 맞게, 자신에게 유리한대로 해석할 여지가 상당히 크다는 것이다.

- 예시 1: 길거리에서 헌혈 요청을 '하기 싫다'라는 이유로 거절한 것은?
- 예시 2: 대형 상점에서 물건을 구입한 후 집에 와서 물건 1개 값이 계산 안 된 것을 알았을 때 그냥 모른 척 넘어가는 것은?
- 예시 3: 시험 문제를 풀 때 우연하게 옆자리에 앉은, 나보다 공부 잘하는 학생의 답안지에 적힌 답을 보고 적은 경우는?

물론 앞에 언급한 경우들은 개인이 처한 상황마다 피치 못할 또는 개인적인 사정이 있을 수도 있다. 헌혈을 할 경우 개인의 건강에 좋지 않은 영향을 미칠 우려가 있을 수도 있고, 대형 상점과 자신의 집이 너무 멀어 교통비가 더 들어갈 수도 있고(혹은 자신의 잘못이 아니라고 생각하기 때문에), 시험 문제의 답을 의도적으로 본 것이 아닐 수도 있기 때문이다.

그렇다면 왜 위와 같은 상황들에서 어떻게 해야 한다는 명확한 기준이 없는 것일까? 혹은 왜 각자의 판단 기준은 다른 것일까? 이는 사람들이 배운 내용은 동일할지라도 이에 처한 상황과 개인의 심리적인 가치 판단에 따라 다르게 행동하기 때문이다. 또한, 이성적 가치 판단에 앞서 하고자 하는 욕심에 따라 먼저 결정하고, 그 이후에 그렇게 할 수밖에 없는 이유에 대해서 자기 스스로 설득하고 이를 합리화하기 때문이다. 예를 들어 약속 시간에 급하다고 무단횡단을 했을 경우에 아무런 사고가 일어나지도 않았고 차량 교통에 방해가 되지 않았다는 것을 이유로, 그리고 상대방과의 약속이 더 중요하다는 이유로 무단횡단을 합리화하는 것이다.

어린 시절에 무비판적으로 수용된 도덕적 가치 기준은 명확한 스스로의 판단에 의해 자리 잡은 것이 아니기 때문에 각각의 다른 상황이 발생할 경우 아무런 생각 없이 습관적으로 행동할 수도 있게 만든다. 이러한 문제점들을 해결하기 위해 사람들은 대화를 통해 갈등을 해결하려고 하기도 하고, 개인적인 양심이나 엄격한 법의 잣대를 들이대기도 한다.

3 윤리적 행동을 바라보는 2가지 시각

서울에서 부산을 가는 방법은 여러 가지가 있다. 자신의 차량을 이용해서 가거나 고속버스를 활용하는 방법, 혹은 KTX나 비행기를 이용해서 가는 방법이 있을 수도 있다. 다소 터무니없지만 자전거를 이용하거나 도보로 가는 방법이 있을 수도 있다. 이를 선택하는 데에는 다양한 기준점이 있을 것이다. 시간적 측면에서 바라보면 빠른 비행기나 KTX를 이용하는 것이 가장 효율적일 것이며, 가는 도중에 거쳐 가야하는 곳이 있거나 짐이 많을 경우에는 자가 차량을 이용하는 것이 가장 좋을 것이고, 친구와 함께 떠나는 청춘 여행이라면 도보나 자전거가 좋을 수도 있다. 이렇듯 지역을 이동하는 수단을 선택하는 데에도 각자 다른 기준에서 선택을 한다.

우리가 일상생활에서 하는 행동도 마찬가지다. 가령 시험을 볼 때를 예로 들어보자. 가장 일반적인 방법은 평상시 수업을 열심히 들으면서 노트필기를 하고 시험에 나올 것을 집중적으로 공부하는 것이다. 두 번째 방법은 열심히 수업을 듣는 한편 가장 열심히 필기하는 학생의 노트를 빌려서 이를 중심으로 공부하는 것이다. 세 번째 방법은 부정행위를 통해 공부 잘하는 학생의 답안지를 훔쳐보는 것이다. 네 번째 방법은 아예 좋은 성적을 포기하고 시험에 응시만 하는 것이다. 과연 어떠한 방법이 가장 좋을까? 이를 판단하는 기준은 '수단'과 '결과' 측면으로 볼 수 있다. 첫 번째 방법은 수단적 측면과 결과적 측면에서 가장 좋은 결과를 가져올 확률이 높다. 두 번째 방법은 첫 번째 방법에 비해서는 확실하지 않으나 나머지 방법에 비해 좋은 결과를 가져 올 수 있을 것이다. 세 번째 방법은 수단적 측면에서는 좋지 않지만, 결과적 측면에서 괜찮은 결과를 가져올 수도 있다. 네 번째 방법은 수단과 결과적 측면에서 모두 좋지 않은 결과를 가져올 것이다. 이렇듯 우리가 어떤 행동을 함에 있어서 수단적 측면과 결과적 측면이 선택의 기준이 되듯이, 윤리에서도 수단과 결과의 또 다른 표현인 '의무'와 '목적'이라는 기준으로 그 행동을 판단할 수 있다.

먼저 의무적 측면을 강조하는 입장을 우리는 '의무론적 윤리설(Deontological Ethics)'이라 부른다. 이러한 입장을 믿는 사람들은 윤리적 행동을 함에 있어서 정해진 목적은 없으며, 반드시 따라야 할 의무(도덕 규범)를 지켰느냐 하는 것에 초점을 둔다. 그러면서 행위를 하게 된 출발점인 동기나 의지에 초점을 둔다. 즉, 어떤 목적을 갖고 한 것이 아니라 선하고자 하는 의지에서 비롯된 마땅한 행동만이 옳은 행동이라고 보는 것이다. 그렇기 때문에 의무론적 윤리설은 행위의 결과를 떠나 행위 주체자의 동기나 의지를 보고 그 행동을 판단한다. 예를 들어 사람이 길거리에 쓰러졌을 경우 심폐소생술로 그 사람을 살리려고 시도했으나 과도한 압박에 의해 그 사람이 더 큰 상처를 입었을 때 의무론적 윤리설에서는 심폐소생술을 한 사람의 행동이 옳다고 본다. 동기적 측면에서 보았을 때 쓰러진 사람을 살리지 못하고 더 다치게 만들었지만, 그 사람의 의도는 생명을 살리려고 한 것에서 비롯되었기 때문이다.

이와 비슷한 입장을 취하는 윤리설로는 윤리적 절대주의를 들 수 있다. 윤리적 절대주의란 시대와 장소, 공간을 초월하여 모든 사람에게 무조건적이고 보편타당한 도덕적 규범이 있다는 입장으로, 우리가 지켜야 할 삶의 원리는 하늘에서부터 주어진 것이기 때문에 시공간이 바뀌어도 변하지 않는 도덕적 절대 원칙이 있다는 입장이다. 윤리적 절대주의는 변하는 것은 사회적 현상 또는 도덕규범의 현상일 뿐 도덕의 본질은 변하지 않는다고 주장한다. 그리고 이러한 절대적 기준이 없을 경우 인간의 삶은 도덕적 허무주의에 빠지게 돼 기본적인 삶이 유지되지 않는다고 한다. 그렇기 때문에 도덕적 필연성과 객관성을 내포하고 있다고 주장한다. 그리고 이런 입장을 주장하는 대표적인 학자는 칸트로, 그는 실천이성의 법칙은 언제나 타당한 것이며, 무조건적으로 적용되는 보편타당한 절대규범이라는 입장을 내세운다.

이러한 윤리설의 장점은 명확한 가치 기준을 제시한다는 것으로 사회적 혼란 속에서도 도덕적 권위를 확고히 내세울 수 있고, 사회질서가 정연하게 유지될 수 있다는 점이 있다. 그러나 이와 반대로 다음과 같은 단점도 있다. 그것은 첫째, 인간이 따라야 할 절대적인 도덕 법칙이 있다고 하는 것을 연역법 또는 귀납법에 의해 증명할 수가 없다. 둘째, 도덕적 절대 기준이 하늘로부터 주어졌기 때문에 인간의 자유 의지와 자율성에 있어서 한계를 내포하고 있다. 셋째, 과연 절대적인 법칙이 있다는 것에 대한 그 자체의 의문에 답변하기가 쉽지 않다. 넷째, 하늘로부터 주어진 법칙을 왜 따라야 하며 그것이 과연 좋은지에 대한 판단을 인간은 근본적으로 대답할 수 없다는 것이다.

반면 결과적 측면을 강조하는 입장을 '목적론적 윤리설(Teleological Ethics)'이라 부른다. 이러한 입장을 믿는 사람들은 윤리적 행동을 하는 동기나 의지에 상관없이 그 행동이 좋은 결과를 가져왔다면 올바른 행동이라고 인식한다. 보다 좋은 결과를 가져온 행동은 그렇지 않거나 혹은 작은 결과를 가져온 행동에 비해 더욱더 도덕적인 행동이라 판단하는 것이다. 예를 들어 어떤 남자가 슈퍼에 물건을 훔치러 들어갔다고 하자. 그런데 이미 그 슈퍼에는 먼저 온 강도가 있었고, 그 강도는 주인을 위협하고 있었다. 이때 남자가 자신의 생명을 지키기 위해 슈퍼 주인의 생명을 위협하는 강도를 잡았을 경우 목적론적 윤리설에서는 그 남자의 행동을 옳다고 본다. 동기나 의도는 불순했지만, 결과론적으로 강도를 잡았고, 이러한 행동을 통해 슈퍼 주인이 목숨을 건질 수 있었기 때문이다.

이와 비슷한 입장을 취하는 윤리설로는 윤리적 상대주의를 들 수 있다. 윤리적 상대주의는 개인 또는 사회, 문화에 따라 도덕적 가치 기준이 상대적이라고 주장한다. 도덕적 행동과 그렇지 않은 행동을 구분하는 절대적인 기준은 불가능하고,

한 사회에서 따르는 도덕적 행동 규칙을 다른 사회에서 동일하게 적용할 수 없다는 것이다.

이는 윤리적 상대주의에서 윤리라고 하는 것을 선천적으로 주어진 것이 아니라 동일 집단 내에서 오랜 시간에 걸쳐 반복적으로 행해지고, 이러한 행동들이 관습적인 요소로 자리를 잡은 것이라 여기기 때문이다. 그렇기 때문에 각기 다른 사회는 각기 다른 윤리적 기준을 갖고 있고, 이는 각 사회마다 다른 윤리적 행동 규칙을 갖고 있다는 의미로 해석된다. 이러한 윤리설의 장점으로는 윤리 적용에 있어서 보다 인간의 현실적인 측면을 강조하고, 시대적 흐름에 따라 그것에 능동적으로 대응할 수 있다는, 인간의 주체적인 측면을 강조하고 있다는 점에 있다. 그러나 이와 반대로 다음과 같은 단점도 있는데, 첫째, 기회나 상황에 따라 각기 다른 결정을 내릴 수 있기 때문에 행위에 있어서 일관성을 기대하기가 어렵고, 둘째, 각기 다른 문화나 배경에 따라 그들만의 가치 기준이라는 입장에서 인간의 존엄성마저 훼손시킬 수 있으며, 셋째, 가치가 해당 사회마다 다르기 때문에 동일한 문화에 속하지 않는 이상 다른 문화를 비판하거나 논할 수 있는 자격조차도 주지 않는다는 것이다.

사례연구 ❶

안락사의 새로운 정의

지난해 말 김 할머니의 존엄사, 혹은 안락사 문제는 '생명의 끝'에 대한 여러 가지 논란을 촉발시켰다. 의학적으로 무의미한 연명 치료를 중단하는 것이 환자 본인에게, 또 가족과 의사의 윤리에는 어떤 합의점을 갖는지 많은 생각을 하게 되었다. 이런 논란의 중심에는 "식물인간 상태의 환자는 정말로 아무것도 생각할 수 없고 느낄 수 없는 상태인가."라는 질문이 있다. 지금까지 그 누구도 답을 줄 수 없는 문제였기에 안락사, 존엄사와 관련된 논쟁이 이만치나 뜨거웠던 것이다. 그런데 최근 한 연구가 발표되어 생명윤리에 대한 논란이 새로운 국면으로 접어들게 되었다. 영국과 벨기에 연구팀이 7년된 식물인간의 의식·마음의 뇌신경 신호를 읽어냄으로써 환자와 '대화'가 가능하다고 보고한 것이다.

〈뉴 잉글랜드 저널 오브 메디슨(New England Journal of Medicine)〉지 2010년 2월 3일자 온라인 판에 수록된, '의식을 잃은 환자의 두뇌 활동의 의지적인 조절'이라는 이름으로 발표된 논문에 따르면 연구팀이 5년간 식물인간 상태인 환자에게 "아버지 이름이 알렉산더가 맞느냐?" 정도의 간단한 질문을 던지고 뇌파와 혈류의 움직임을 탐지하는 기능성 자기공명영상(fMRI) 기기를 동원, 환자의 뇌를 스캐닝한 결과 예스와 노를 관장하는 뇌 영역이 질문에 따라 활성화되었다는 것이다.

비록 23명의 식물인간 상태 환자 중 4명만이 이 같은 반응을 보였고 해당 환자가 의식이 있더라도 "생명을 연장하고 싶으냐?"와 같은 복잡한 문제에 대해 판단을 내릴 수 있는지 확실치 않다는 한계점은 있지만 최소한 식물인간 상태 환자의 머리와 가슴이 완전히 텅 빈 것은 아닐 수 있다는 가능성은 충분히 확인한 셈이다. 이는 앞으로는 안락사의 새로운 기준이 필요함을 의미할 수 있다. fMRI로 환자의 의사를 확인할 수 있다면, 연명 치료에 대한 식물인간 상태의 환자 본인의 의사를 물을 수 있기 때문이다.

안락사의 근거는 혼수상태가 아닌 식물인간의 환자들은 깨어있는 상태이지만 심각한 두뇌 손상 때문에 '의식이 없다'는 기존 학설이었다. 그러니 식물인간이 된 환자가 의식이 있다고 한다면 안락사의 인도적 정당성은 그 정당성을 잃는다. 아무리 식물인간 상태의 환자라 해도 "죽고 싶으냐?"라고 물었을 때 "네, 그렇습니다."라고 답변할 사람이 몇이나 있을까.

이 연구 결과는 앞으로의 의학계에 새로운 과제를 던졌다. 의식이 있다는 것을 확인했다면 의사들은 당연히 그 의식을 조금이라도 더 식물인간 상태 이전으로 돌리려는 노력을 기울여야만 할 것이다. 이는 식물인간 치료 방법이 앞으로 훨씬 더 중요해질 것을 시사한다.

건강한 삶과 건강하고 인도적인 죽음으로 이르는 길은 이처럼 멀고도 험하다. 하지만 이를 향한 의학의 앞날이 밝을 것이라는 것 역시 믿어 의심치 않는다. 의학, 과학자들의 건투를 빈다.

– 전자신문, 2010년 3월 25일자

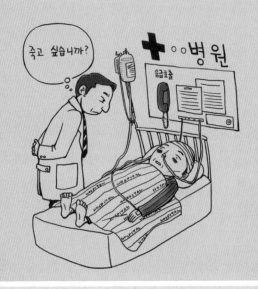

◢ 교육적 시사점

생명의 소중함 및 인간의 존엄성에 있어 안락사는 과연 필요한 행위인지 생각해 볼 필요가 있다. 또한, 그것이 윤리적 측면에서 보았을 때 정당한 행위인지 진위 여부를 판단할 수 있는 능력이 필요하다.

사례연구 ❷

중기(中企) 기술유출, 전문 지원 체계 급하다

"눈 뜨고 당하는 경우가 적지 않습니다."

대기업으로부터 기술유출을 당한 중소기업들은 사후 대책이 없어 속으로 끙끙 않는 경우가 많다고 하소연한다. 심증은 있지만 이를 뒷받침할 물증이 없어 법적 대응을 할 수 없기 때문이다. 대부분 구두계약으로 제품을 개발하다 기술을 뺏겨도 대기업이 오리발을 내밀면 어쩔 수 없이 당한다. 제품 하도급과 관련된 정식 계약서 한 장만 있어도 대응할 수 있지만 몰라서 당하는 경우가 비일비재하다. 유출 사고가 터져도 법률적 전문 지식 등이 거의 없어 경찰 수사 의뢰를 엄두조차 못 내는 사례도 많다.

이 때문에 전문가들은 중소기업 기술유출 문제를 전문적으로 지원할 정부의 전담 지원 체계가 시급하다고 입을 모은다. 갈수록 늘어나는 기술유출 범죄를 사전에 예방하고, 초동 수사를 강화해야 피해를 크게 줄일 수 있기 때문이다.

하지만 그동안 정부의 지원 체계는 교통정리가 제대로 안 돼 오히려 혼선을 빚어 왔다. 올해 예산에 중소기업청 기술유출 방지 시스템 구축 지원 사업 예산 전액이 삭감된 것은 대표적인 사례다. 지식경제부와 중소기업청의 기술유출 방지 사업이 중복 논란을 빚어 되레 예산이 줄어드는 화를 자초했다.

다행히 올해 국무총리실 조정을 통해 중소기업 기술유출 방지 시스템 구축 사업이 중소기업청으로 일원화됐지만, 예산 확보를 위한 타이밍을 놓치기도 했다.

권형석 율목 특허법률사무소 변리사는 "일반적으로 기술유출은 대기업이나 회사 직원에 의해 유출되는 경우가 대부분이며, 이들의 경우 대부분 법률적 지식이나 기술유출 예방에 대한 사전 교육이나 대비가 제대로 되지 않아서 일어나는 만큼 이를 지원해 줄 전담 조직이 시급하다."라고 지적했다.

실제로 내부 직원이 퇴사해 경쟁 업체로 이직하거나 창업할 경우 기술유출이 손쉽게 이뤄지지만, 내부 직원이 이를 범죄 행위로 인식하지 못하는 경우도 태반이다. 사전 교육이 제대로 이뤄지지 않기 때문이다.

중소기업청이 올해 처음 실시한 현장 컨설팅 및 교육을 정례화하고 이를 꾸준히 전개할 지원 조직이 시급한 실정이다. 법률 컨설팅 등 전문 프로그램을 상시적으로 운영하는 방안도 모색돼야 한다는 지적이다.

전담 지원 조직이 마련되면 대기업의 기술 빼가기를 미연에 방지할 수 있는 '표준계약서'를 만들어 이를 권고하는 방안도 추진할 수 있다는 게 전문가들의 의견이다. 기술유출이 범죄인만큼 경찰, 검찰 등 수사 당국과 협력 체계를 갖추는 것도 중요한 과제로 떠올랐다. 그동안 중소기업청이 상담을 통해 범죄 사실을 인지하더라도 수사권이 없는데다 전문성이 떨어져 제대로 대처하지 못한 사례가 많기 때문이다.

이 때문에 올해 중소기업청과 경찰청이 중소기업 기술유출에 공동 대응하기로 한 것은 모범 사례로 꼽히고 있다. 경찰청은 중소기업청과 협력 양해각서(MOU)를 교환한 이후 지난 7월 '산업 기술유출 수사대'를 발족하기도 했다.
서울, 부산, 인천, 경기, 경남 5개 지방경찰청에 산업 기술유출 수사대가 가동되면서 기술유출 범죄를 잇따라 적발하는 성과도 나오고 있다.
경찰청이 수사대 출범 이후 3개월 남짓한 기간 동안 검거한 기술유출 사건만 합쳐도 기술유출 피해액이 1조 원을 넘어 중소기업 기술유출의 심각성을 단적으로 보여줬다.

권형석 변리사는 "기술유출이 범죄인만큼 중소기업청뿐만 아니라 이를 전문적으로 다루는 경찰, 검찰 등과 공조 체계를 만들 필요가 있다."며 "공조 체계가 안 되면 적어도 협조 체계라도 만들고 이를 강화시켜 나가야 범죄에 효과적으로 대응할 수 있을 것."이라고 지적했다.
중소기업 기술유출 지원 정책을 펼칠 법적 근거를 마련하는 방안도 정부나 국회를 중심으로 고민해야 한다는 목소리도 높다. 중소기업 기술유출이 사각지대로 방치되고 있지만 예산이나 지원책이 미진한 것도 이를 지원할 근거가 명확하지 않기 때문이라는 것이다.

중소기업청은 그동안 중소기업 기술유출 방지 시스템 구축 지원사업을 정보화 지원 사업 일환으로 진행했다. 중소기업기술혁신촉진법에 명시된 정보화 지원 항목이 근거가 된 셈이다.

하지만 명확한 근거가 없다 보니 올해 예산 책정 과정에서 기술유출 방지 사업은 후순위에 밀렸다는 평가다. 중소기업 기술유출 방지 지원 근거법을 마련하면서 앞서 언급된 지원 체계에 대한 근거도 함께 마련할 수 있을 것으로 보인다.

－ 전자신문, 2010년 11월 18일자

◢ **교육적 시사점**

국가적 차원의 손실을 야기하면서까지 자신의 이익을 추구하는 이기심을 가진 사람들이 점차 늘어나고 있다. 윤리적 측면에서 보았을 때, 이러한 행동이 잘못된 행동인 이유를 생각해 보고, 개인의 사소한 이기심이 어떤 후폭풍을 일으킬지 고민해야 한다.

탐구활동

1. 인간의 삶에 있어서 윤리가 필요한 이유 3가지를 기술해 보자.

   ①

   ②

   ③

2. 옳지 못한 행동을 알고 있으면서도 스스로의 결정에 따라 거짓말을 한 적이 있다면 그 사례와 이유를 기술해 보자.

   〈사례〉

   〈이유〉

3. 윤리적 행동을 바라보는 시각 2가지와 각각이 가진 문제점에 대해서 기술해 보자.

   〈시각 1〉

   ① 개념

   ② 문제점

〈시각 2〉

① 개념

② 문제점

4. 【사례연구 1】을 읽고 자신이 의사라면 안락사를 희망하는 환자에게 어떠한 결정
   을 내릴 것인지 그 입장과 이유를 작성해 보자.

   〈입장〉

   〈이유〉

5. 【사례연구 2】를 읽고 이와 같은 사례가 나타나는 이유와 이를 막을 수 있는 방안
   을 작성해 보자.

   〈이유〉

   〈방안〉

학습평가

정답 및 해설 p.188

1 다음의 표현들이 공통적으로 상징하는 인간의 특징에 해당하는 것은?

> • 인간은 홀로 존재하는 것이 아닌 다른 사람과 함께하는 존재이다.
> • 인간의 모든 행동은 각 개인의 욕구 충족에서 시작되므로 충족시키고자 하는 어떤 것이 서로 동일할 경우 갈등을 빚을 수 있다.

① 사회적 존재
② 문화적 존재
③ 육체적 존재
④ 생산적 존재

※ ( ) 안에 알맞은 말을 채워 넣으시오. (2~4)

2 동양적 입장에서 바라본 윤리는 ( )와/과 ( ) 사이의 관계, 곧 인간관계의 이치로 인간관계에서 마땅히 지켜야 할 도리를 의미한다.

3 서양에서는 윤리와 도덕을 ( )와/과 ( )(으)로 구분하며 공동생활 양식, 거주지, 체류지 등의 공간에서 함께 생활하는 인간의 습속이나 성품을 뜻한다.

4 윤리적 행동을 바라보는 시각에는 의무적 측면을 강조하는 의무론적 윤리설과 결과적 측면을 강조하는 ( ) 윤리설이 있다.

5 의무론적 윤리설을 주장하는 사람들의 의견으로 적절하지 않은 것을 고르시오.

① 반드시 따라야 할 의무(도덕 규범)를 지켰느냐 하는 것에 초점을 둔다.

② 어떤 목적을 갖고 한 것이 아니라 선하고자 하는 의지에서 비롯된 마땅한 행동만이 옳은 행동이라고 본다.

③ 행위의 결과를 떠나 행위 주체자의 동기나 의지를 보고 그 행동을 판단한다.

④ 보다 좋은 결과를 가져온 행동은 그렇지 않거나 혹은 작은 결과를 가져온 행동에 비해 더욱더 도덕적인 행동이라 판단한다.

6 다음 보기에서 성격이 나머지와 가장 다른 것을 고르시오.

① 행동에 있어서 중요한 것은 동기나 의지이다.

② 인간의 삶에 있어서 정해진 절대 규칙이 있다.

③ 결과로써 그 행동의 옳고 그름을 따져야 한다.

④ 의무론적 윤리설의 입장을 취한다.

Tip

회사에서 즐겁게 일하려면?

회사를 다니면서 일이 즐겁다는 것이 가능할까? 특히 사장이 아니라 직원의 경우에 일이 즐거운 것이 성립하는지 가끔 의문이 들기도 한다. 일각에서는 항상 회사에서 즐겁고 긍정적이며 신나게 일하길 바라며 펀(Fun) 경영 등을 주장한다.

그런데 정작 어떤 때 직원들은 즐거울까?

사람마다 목표가 다르기 때문에 회사를 통해서 얻고자 하는 수준이 다르고 가치관이 다르다. 이것이 다양한 사람들이 모여서 일하는 회사에서 전 직원이 즐겁게 일할 수 있도록 만들고자 하지만 쉽지 않은 이유이다. 회사가 직원에게 만족을 주는 것은 회사가 고민해야 하겠지만 직원 스스로는 어떤 방법이 있을까? 직원 스스로는 회사를 즐겁게 다니고 일을 즐겁게 하고 싶은가? 만일 그렇다면 어떤 노력을 하고 있는가?

우리는 열심히 생활하는 것에는 훈련이 많이 되어 있지만 즐겁게 생활하는 것에는 잘 훈련이 되어 있지 않다. 회사가 제공하는 편익에 따라 저절로 즐겁게 일할 수 있으리라는 생각은 자신의 미래에 대한 아주 무책임한 태도이다. 일이 즐겁고 즐겁지 않고는 자신의 문제이다. 회사는 일에 장애가 되는 요소를 제거하고 생산성을 높이기 위해 프로세스를 개선하고 직원의 의견을 반영하기 바쁘다. 회사에서 일하는 것이 즐겁기 위해서는 무엇이 필요할까?

우선 회사를 다니는 이유가 있어야 한다. 어떤 이유라도 회사를 다니는 이유는 있을 것이다. 그것을 분명히 알기 바란다. 가장 큰 이유가 월급을 받기 위해서라면 그것을 존중하고 인정해야 한다. 어쩌면 회사를 다니는 이유를 정확하게 인정하고 알고 있는 것만으로도 즐거워질 수 있다. 그러나 사람은 지친다. 한 가지 목적을 뚜렷하게 유지하더라도 흔들리게 되어 있고 부족함을 느끼게 된다. 그러면 회사를 다녀서 얻는 결과로 자기 삶에 어떤 영향을 주기를 바라는지 생각해 보아야 한다.

회사에서 얻는 목적으로 끝이라면 회사를 의무로만 다니게 된다. 다음 목적을 생각해야 한다. 그리고 순간순간의 생활이 즐겁기 위해서는 일과 전혀 다른 뭔가를 할 필요가 있다. 대부분의 직장인들이 책 읽는 것을 보면 업무와 관련된 책이거나 미래 성공에 관한 책이 대부분인 것을 알 수 있다. 결국 일 이외에는 다른 것에 여유가 없다는 것이다. 일의 속성에는 의무감이 있다. 그렇기 때문에 즐겁게 생활하는 것이 의무가 되어 버린다. 따라서 일이나 그동안 배워 온 전공 분야, 현실에서 동떨어진 전혀 다른 영역의 것에 관심을 갖고 시도해 보는 것이 중요하다. 스트레스를 풀기 위해 평소에 가지 않던 술집에 가보란 얘기가 아니다. 지금의 생활과 연결고리가 없어 보이는 새로운 분야에 관심을 갖고 몰입을 해보란 말이다.

이것은 단순한 기분전환이 아니다. 어쩌면 획기적인 영감일 수도 있고, 설렘과 기다림일 수도 있다. 즐겁다는 것의 속성에는 새로운 것이 있다. 새로운 것과의 만남이 즐거운 생활을 만든다.

－ 김철호(와이즈피엠 대표), 와이즈피엠 홈페이지(http://wisepm.co.kr)

Tip

첨단 기술 보안의식의 대전환

국제사회가 글로벌화와 정보화의 급진전으로 하나의 시장이 됐다는 것은 새로운 얘기가
아니다. 물자와 인력, 서비스가 국경 없이 자유롭게 이동하는 경제 전쟁터로 변한 것이다.
군사전쟁은 국가가 주도하지만 경제전쟁은 재화와 용역을 생산하는 기업이 중심이 된다.
기업 경쟁력의 원천이 되는 핵심 기술을 훔치는 산업스파이전 또한 경쟁이 있는 한 필연
적인 현상이다.

미래학자 앨빈 토플러는 "산업스파이는 21세기 가장 큰 산업 중 하나가 되고 정보전쟁과
경제스파이가 이 세기를 특징지을 것."이라고 말한 바 있다.

인류 역사에서 가장 오래된 직업 중 하나는 스파이다. 오늘날 산업스파이로 인해 고심하
지 않는 나라가 없고 국가안보 차원에서 대응책 마련에 고심하고 있는 것이 현실이다.

우리나라는 한강의 기적에 이어 21세기에는 IT기술력으로 세계 정보사회를 선도하고 있
다. 우리나라 IT산업은 수출의 30% 이상을 차지하고 있으며 무역수지 흑자의 절대적인 기
반이 되고 있다. 따라서 우리 IT기술은 각국 기업의 선망의 대상이 됐으며 또한 산업스파
이의 목표물이 되고 있다. 최근 3년간 국가정보원이 적발한 산업스파이 사건은 61건으로
피해 예방액만 무려 82조 원에 이르고 있다. 이 가운데 IT 분야에서 발견된 게 45건으로
전체의 74%를 차지한다. 유출 대상국 또한 미국·일본·중국·대만 등 선후진국이 망라돼
있다. 그러나 알려진 첨단 기술 유출 사건은 빙산의 일각으로, 기술 유출에 따른 국부 손
실은 추정조차 할 수 없다는 점에서 문제의 심각성을 더한다.

정보화는 시간과 장소를 초월해 국가와 기업의 핵심 기술을 너무나도 쉽게 빼낼 수 있는
교묘하고도 다양한 수단과 방법을 제공하고 있다. 업무의 편리성과 효율성에 치중한 인터
넷 기반의 업무 환경과 넘쳐나는 팩스·프린터·고속복사기, 누구나 소지하고 있는 카메라
폰 등의 사용은 정보유출이 너무나 쉽도록 만들었다. 확산되는 휴대형 저장 매체들은 기
업 핵심 정보를 다 저장할 수 있는 대용량이면서도 소형이어서 특수 보안장비 없이는 기
술 유출 사실을 발견할 수도 없는 실정이다. 그럼에도 불구하고 기술보호의 중요성과 필
요성에 대한 인식은 아직도 부족하다. 기술보호 책임이 있는 임직원과 퇴직자가 대부분의
기술 유출 사건에 관여돼 있다는 사실에 놀라지 않을 수 없다. 기술보호 책임자인 기업 경
영자의 인식과 실천의지가 부족하다는 데 더 큰 문제가 있다. 무한경쟁 환경에서 기업의
필승 무기는 기술개발이다. 그러나 사력(社力)을 다해 기술을 개발하고 이를 보호하는 기
업은 극소수에 불과하다.

기술보호에 대한 무관심은 경영자 직무를 유기하는 것이나 다름없다. 기업 특성에 맞는
기술보호 규정 제정. 외국 진출 시 기술보호 대책 마련, 조직이나 전담 직원 배치 등 기술
개발에 버금가는 노력과 실천의지를 보이는 인식 전환이 필요하다.

전직 보장과 직급 상승뿐 아니라 엄청난 특혜를 받을 수 있는 매개체가 바로 첨단 기술정보다. 기업과 근로자들의 이해가 첨예하게 대립하는 점을 감안하면 첨단 기술 보호와 내부 고객 만족도 간 상관관계의 중요성을 깊이 인식할 필요가 있다.

첨단 기술 개발자와 관리자에 대한 적정한 보상과 인사 정책 및 퇴직자 관리 대책을 수립해야 한다. 공사를 구분하는 윤리의식과 직업관, 국가관이 절실히 요구되는 시점이기도 하다. 첨단 기술은 국력의 기반이며 기업 경쟁력과 영속성을 보장하는 가장 중요한 자산이다. 이를 부정하게 취득해 무임승차하려는 산업스파이전은 경쟁이 있는 한 계속될 것이다.

정부의 기술보호 제도와 정책, 경영자의 인식 전환과 실천의지, 근로자의 직업윤리와 책임 의식 등이 어우러질 때 국력과 기업 경쟁력을 높이고 근로자 삶의 질을 더욱 풍요롭게 하는 기반을 강화할 수 있다.

– 전자신문, 2006년 5월 12일자

제2절 인간의 삶과 직업의 가치

1 인간의 삶과 일의 가치

서양철학자인 장 폴 사르트르(1905~1980)는 "인생은 B와 D사이의 C이다."라는 말을 하였다. 여기에서 B는 Birth(삶), D는 Death(죽음), 그리고 C는 Choice(선택)를 의미한다. 즉, 인간의 삶이라고 하는 것은 태어남과 죽음 사이에서 자기 스스로의 선택에 의해서 이루어진다는 뜻이다. 삶에 있어서 태어난다고 하는 것은 자신의 의지에 따라 선택할 수 있는 것이 아니다. 죽음 역시 언제 어디에서 죽을지 모르기 때문에 모든 사람이 죽음 앞에서는 평등하다는 말도 있다. 그러나 태어난 후 인생을 살아간다는 것은 자신의 의지에 따라 그 방향성과 결과를 선택하는 것이다. 즉, 자신이 하고자 하는 바에 따른 선택에 의해서 그 결과가 나오며, 이에 따라 각기 다른 삶의 과정을 살아가고 다양한 삶의 모습이 어우러져 지금의 사회를 이루고 있는 것이다.

어떤 사람은 경제적 이유를 목적으로 기업에 들어가거나 또는 스스로 창업하여 직장인 혹은 기업가의 모습으로 살아가기도 한다. 또 어떤 사람은 타인과 함께 사는 삶을 목적으로 봉사의 길을 선택하기도 하고, 어떤 사람은 누군가에게 가르침을 주는 삶을 목적으로 교육자의 길을 선택하기도 한다. 혹은 자신의 선택이 아니라 어쩔 수 없이 먹고 살기 위해서 눈앞에 있는 직장을 선택하기도 한다. 하지만 똑같은 것은 자신의 삶을 영위하기 위해서 무엇인가를 한다는, 즉 직업을 선택한다는 것이다. 다시 말해 인간은 동물과 달리 본능적으로 배고프면 무엇인가를 먹고, 졸리면 자고, 추우면 어디론가 피해 가는 단순한 삶이 아니라 현실적 여건 속에서 자신이 하고자 하는 의지를 갖고, 이성적 판단에 따라 각기 다른 가치를 지향하면서 삶을 살고 있는 것이다.
다음은 인간의 삶에 있어서 직업의 가치를 표현한 명언들이다.

- 청년이여 일하라. 좀 더 일하라. 끝까지 열심히 일하라. - 비스마르크
- 빈곤은 재앙이 아니라 불편이다. - 플로리오
- 한 가지 일을 경험하지 않으면 한 가지 지혜가 자라지 않는다. - 명심보감
- 백년을 살 것처럼 일하고 내일 죽을 것처럼 기도하라. - 프랭클린

- 일은 인류를 사로잡는 모든 질환과 비참을 치료해 주는 주요한 치료제이다.
  – 칼라일
- 우리의 인내가 우리의 힘보다 더 많은 것을 성취할 것이다. – 버크
- 훌륭한 삶에는 세 가지 요소가 있다. 즉 배우는 일, 돈 버는 일, 무엇인가
  하고 싶은 일. – 몰리
- 자기 일을 멸시하는 자는 먹을 양식과 싸운다. – 스퍼전
- 사람은 자신의 천성과 직업이 맞을 때 행복하다. – 베이컨
- 노동은 생명이요, 광명이다. – 위고

앞에서 본 명언들처럼 인간의 삶에 있어서 무엇인가를 한다는 것, 즉 직업을 갖는다는 것은 개인이나 사회적 측면에서 중요한 의미를 가지고 있다. 직업을 갖는다는 것은 단순히 '돈'을 벌기 위한 의무적 행동이 아니다. 물론 직업이 가지는 중요한 가치로 '개인의 기본적인 생활을 유지하기 위한 방편'이라는 것은 상당히 중요한 의미를 갖는다. 그러나 이러한 측면은 직업이 가진 여러 가지 중 하나의 가치에 불과하다. 경제적 가치 이외에도 일을 통해 자신이 하고자 하는 바를 이룰 수 있는 가치 지향적 의미와 우리 자신을 표현하는 수단으로써의 가치, 그리고 자신의 삶을 풍부하게 한다는 가치도 지니고 있다. 또한, 나 혼자만의 일이 아닌 다른 누군가와 함께 하기 때문에 필연적으로 홀로 있는 존재가 아니라는 의미도 심어 준다.

2 직업의 다양한 가치

학교를 다닐 때에는 누군가를 처음 만났을 때 자신을 소개함에 있어서 이름, 학번(또는 나이), 재학 중인 학과, 혹은 사는 곳을 중심으로 소개한다. 이러한 소개를 통해 자연스럽게 왜 이 대학에 진학했는지, 혹은 이 학과를 선택한 이유나 관심 사항 등으로 서로를 알게 된다. 그러나 사회생활을 하게 되면 상호 간의 첫인사는 '명함'으로 대신한다. '명함'의 사전적 의미는 다음과 같다.

"성명, 주소, 직업, 신분 따위를 적은 네모난 종이쪽. 흔히 처음 만난 사람에게 자신의 신상을 알리기 위하여 건네 준다."

즉, 아주 조그마한 종이에 자신이 속해 있는 조직(회사)과 그 안에서 맡은 업무, 자신의 직책, 주소, 연락처 등이 기본적으로 적혀 있으며 형태에 따라 자신의 약력이나 현재 속한 조직에서 하고 있는 업무 등을 표시하기도 한다. 우리가 일반적으로 많이 사용하고 있는 "명함도 못 내민다."라는 말은 수준이나 정도의 차이가 심하여 도저히 견줄바가 못된다는 말로, 여기에서 명함은 그 해당 분야에서의 전문성을 나타내는 말이다. 또한, "명함을 내밀다."라는 말은 존재를 드러내 보인다는 말로 어떤 분야에서 자신이 가진 능력을 표출하는 것을 의미한다.

즉, 학교에서 자신을 소개함에 있어서는 지극히 사적인 영역을 중심으로 자신을 소개하게 되지만 사회생활 내에서는 자신이 수행하고 있는 직업을 중심으로 자신을 소개하는 것이다. 이렇듯 사회생활 내에서 직업이 가진 가치는 상당히 중요한 부분을 차지한다. 그렇다면 그 조그마한 명함 한 장, 즉 자신이 현재 하고 있는 일은 도대체 어떤 의미를 갖고 있는가?

첫째, 직업의 가장 기본적인 목적은 바로 '돈'을 벌기 위함이다. 어린 시절에는 부모 또는 보호자로부터 자신이 필요한 것을 일정 부분 지원받을 수 있었기 때문에 이에 대해 자유로웠으나 성인이 되어서는 자신이 필요로 하는 기본적인 것들(의, 식, 주)을 스스로 해결해야 한다. 그리고 이렇게 직업을 통해 홀로서기가 가능할 때 우리는 이를 '자립했다'고 표현한다.

둘째, 직업은 자신이 하고자 하는 바를 현실로 옮길 수 있는 '자아실현적 가치'를 지니고 있으며, 인간은 자라온 환경에 따라 다양한 꿈을 가지고 있다. 위에서도 언급했지만 인생의 목표를 남부럽지 않은 경제적 가치에 둘 수도 있고, 타인과 함께 하며 다른 사람을 도와주고 싶은 사람도 있고, 자신의 전문성을 인정받아 해당 조직에서 인정받고 싶은 사람도 있다. 또한, 한적한 시골에서 농사를 지으며 자연과 함께 더불어 살고 싶어 하는 사람도 존재한다. 이렇듯 다양한 목적을 실천함에 있어서 가장 근본적이며 중요한 방법이 되는 것이 바로 직업이다. 경제적 이유라면 대기업 직원 또는 자신만의 아이템을 통해 돈을 벌 수 있는 창업가의 길을 선택할 것이요, 어려운 사람을 도와주고자 하는 사람은 자원봉사단체에서 일을 하는 길을 선택할 수도 있다. 이 밖에도 자연과 함께하고자 하는 사람은 농부의 길을 선택할 수도 있다. 이러한 길을 선택하고 실천하는 과정에서 인간은 보람을 느끼며, 자신이 하고 싶은 바가 눈앞에서 현실화되는 모습을 보면서 기쁨을 느끼기도 한다. 즉, 자기가 하고자 하는 일을 통해 자기 성취감과 보람을 느끼는 것이다.

셋째, 직업이 가진 '사회적 가치'이다. 직업(職業)의 어원을 살펴보면 사회적 지위나 위상을 나타내는 '직(職)'과 생업을 뜻하는 '업(業)'이 합쳐진 말이다. 이를 쉽게 풀이해 보면 '맡겨진 일'이라는 의미이다. 이는 누군가 일을 준 사람과 그 일을 맡은 사람이 있다는 의미이다. 즉, 누군가(사람일 수도 있고, 조직일 수도 있다)에게 주어진 일을 의뢰받아 일을 수행한다는 것은 홀로 있다는 의미가 아닌 것이다. 1인 창업을 해서 혼자서 일을 수행한다고 하더라도 그 일로 인해 한 개인의 생애가 유지된다는 것은 필연적으로 둘 이상의 사람(또는 조직)이 있다는 의미이다. 그리고 그것은 인간이 홀로 산다는 것이 아니라 다른 사람과 함께 산다는 사회적 의미인 것이다. 이는 단순히 자신이 먹고사는 문제를 해결하는 것에 그치는 것이 아니라 이러한 과정을 통해 상호 간에 도움을 주고 받는다는 것, 즉 사회적 가치와 의미를 지니고 있다고 이해할 수 있다.

이와 같이 직업이라는 것은 개인에게는 자립하여 생활할 수 있도록 하는 생계유지의 수단이자 자신이 살아가고자 하는 바를 현실화시켜 주는 자아실현적 가치를 갖고 있는 것이며, 궁극적으로는 사회적 조직 내에서 상호 간에 도움을 주고 받는다는 측면에서 공동체적 가치를 지니고 있는 것이다. 이를 통해 한 개인은 물론 사회가 유지될 수 있는 것이다.

3 바람직한 직업 선택의 기준

여러분은 현재 다니고 있는 학교를 선택할 때 어떤 것을 기준으로 했는가? 자신이 더 배우고자 하는 분야일 수도 있고, '○○대학'이라고 하는 대학교의 이름 때문에, 친한 친구가 같이 가자고 해서, 부모님이나 선생님의 조언, 혹은 점수 때문에 어쩔 수 없이 진학을 한 경우도 있을 것이다. 직업을 선택할 때도 마찬가지이다. 소위 말하면 현재 뜨고 있는 직업이기 때문에, 주변 사람의 조언으로, 앞으로의 장래 가능성을 바라보고, 자신이 하고자 했기에, 혹은 어쩔 수 없이 먹고살기 위해 등 직업을 선택하는 데 여러 가지 이유가 있었을 것이다.

직업을 선택함에 있어서 영향을 주는 요인을 정리해 보면 다음과 같다.

첫째, '교육 수준'이다. 현재 다니고 있는 대학, 편입, 혹은 대학원 진학 등을 통해 자신이 습득한 지식의 종류를 의미한다. 이는 관련 분야에 대한 기초적 지식과 실무능력을 얼마나 습득했는지를 보여주는 지표로 어떤 종류의 학교에서 무엇을 전공했느냐는 직업 선택에 매우 큰 영향을 주게 된다. 어떤 분야에서는 고등학교만 졸업해도 종사가 가능하기도 하고 또 다른 분야에서는 최소 대학교 혹은 그 이상인 대학원 졸업장을 요구하기도 한다. 이는 해당 분야에서 요구하는 수준의 직무를 원활하게 수행하기 위한 최소한의 요구 조건을 의미한다. 단, 학력이 높다고 해서 좋은 직업, 반대로 낮다고 해서 좋지 않은 직업만 고를 수 있다는 것이 아님을 명심해야 한다.

둘째, 부모 또는 교수자(선생님)이다. 인간이 자라오면서 가르침과 영향을 가장 많이 받는 존재가 1차적으로 가정 내에서는 부모이고, 2차적으로는 학교 내에서의 교수자이다. 특히 부모나 교수자는 해당 분야에서 자녀(또는 학생)보다 많은 경험과 지식을 갖고 있기 때문에 그들의 조언이나 바람은 직업 선택에 직간접적으로 영향을 준다. 직접적인 영향은 그들의 요구하는 대로 따르는 것을 의미한다. 이때 영향을 미치는 요인으로는 안정성, 발전 가능성, 자아실현 가능성 등 다양한 가치 기준이 개입될 수 있다. 간접적인 영향은 그들의 행동이나 모습을 보고 해당 분야에 종사하고 싶다거나 그와 반대되는 직업을 선택하는 경우를 의미한다. 자신이 바라는 삶을 누군가 살고 있을 때 그대로 따르고자 하는 경우에 대상자를 롤모델(Role Model)로 삼거나 이와 반대되는 경우 정반대되는 삶을 선택할 수도 있다. 다만, 주변의 이러한 말들은 참고일 뿐 절대적으로 따라야 한다는 것은 아니니 직업 선택에 있어 신중히 접근할 필요가 있다.

셋째, 친구이다. 친구는 직업은 물론 다양한 선택에서 영향을 주는 대표적 요인이다. 일반적으로 첫 직장 선택을 앞둔 연령대는 아직 감수성이 예민하고 스스로의 판단으로 무엇인가 결정하고 행동하기가 다소 두렵기 때문에 자신을 가장 잘 이해하고 심적으로 공감대가 형성되어 있는 친구에게서 정서적으로 많은 영향을 받는다. 친구가 좋아하고 관심 있어 하는 분야는 함께하고 싶고, 같이 무엇인가를 한다는 공감대가 형성되어 있기 때문에 개인이 중요한 선택을 할 때 큰 영향을 미친다. 가령 친구가 컴퓨터 프로그래머에 관심이 있어서 해당 분야와 관련된 활동과 공부를 한다고 할 때 자신도 이와 유사한 직업을 선택할 수 있다. 또한, 친구는 자신에 대해 가장 많이 알고 올바른 조언을 해줄 것이라는 믿음이 있기 때문에 직업 선택 시 중요한 영향을 미치기도 한다.

넷째, 주위 환경이다. 자신이 태어난 환경(경제적·사회적·문화적 환경)이 어떠하느냐에 따라 직업 선택의 방향이 달리 설정된다. 경제적으로 빈곤했을 때는 하루 빨리 경제적으로 많은 이득을 취할 수 있는 직업을 선택할 수도 있을 것이고, 경제적으로 여유로워 충분한 교육적 지원이 가능하다면 보다 넓은 직업 선택의 기회를 가질 수 있을 것이다. 또한, 단조로운 환경이 아닌 다양한 체험이 가능한 환경 속에서는 자신이 좋아하는 것, 혹은 관심 있어 하는 것들을 그렇지 않은 경우보다 많이 접하고 경험해 볼 수 있기에 직업 선택의 폭이 넓어지기도 할 것이다. 단, 주위 환경이 제한되었을 경우에는 독서와 같은 간접경험으로 사고의 폭과 접할 수 있는 요소들을 넓힐 수 있으므로 자신의 환경에만 얽매여서는 안 될 것이다.

다섯째, 개인의 적성이다. 개인이 어떤 일을 함에 있어서 다른 일보다 즐겁고, 다른 사람보다 더 나은 성과를 가져오며 즐길 수 있는 능력을 적성이라고 볼 수 있다. 무엇인가를 관찰하고 조립하여 새로운 것을 만들어 내는 것이 즐겁다면 기계 조작 등의 분야를 선택할 확률이 높고, 다른 사람과 어울리기는 좋아한다면 그에 걸맞는 직업을 선택할 가능성이 높은 것이다. 직업과 관련한 곤란한 질문 중 하나가 '직업을 선택함에 있어서 잘하는 것을 하느냐, 좋아하는 것을 하느냐'일 것이다. 물론 가장 좋은 선택은 '좋아하는 것을 잘하는 것'이다. 그러나 그렇지 않은 경우 어떠한 삶을 선택해서 사느냐는 것은 개인의 전적인 판단에 따른다. 어떤 사람은 경제적인 이득을 포기하고 자신이 하고 싶어 하는 삶을 살기도 하고, 또 어떤 사람은 직업으로써 자신이 가장 잘하는 일을 선택하고 취미생활로 하고 싶은 것을 선택하기도 한다.

이와 같이 직업 선택에 영향을 미치는 요인은 다양하게 존재한다. 하지만 가장 중요한 것은 바로 직업 선택의 주체인 '자신의 의지'이다. 그렇다면 어떠한 것을 고려하여 직업을 선택해야 할까?

최근에는 '평생 직장'이라는 말보다 '평생 직업'이라는 말이 더 통용성을 갖고 있다. 물론 공무원이나 안정적인 직장의 경우 자신의 희망에 따라 정년까지 안정적으로 직장을 다닐 수 있지만 그렇지 않은 직장이 많고, 설사 안정적인 직장이라고 하더라도 그 조직이 맞지 않는 경우 다른 직업을 선택하는 경우도 많기 때문이다. 또한, 인간의 수명이 연장됨에 따라 퇴직 이후에 지속적인 경제활동이 필요하기도 하다. 당연히 처음 선택한 직업이 자신의 적성과 희망 그리고 여러 기타 조건에 부합하여 지속적으로 일할 수 있다면 좋겠지만, 그렇지 않은 경우 또 다른 직업을 선택할 때 노력과 시간을 투입해야 하기 때문에 가급적 첫 직장과 직업을 신중하게 선택하는 것이 좋다.

가장 중요한 것은 자신이 하고 싶어하는 일, 즉 자신의 적성에 맞는 일이냐는 것이다. 자신이 다른 사람보다 즐겁게 할 수 있는 일, 다른 사람보다 동일한 시간에 보다 나은 성과를 가져올 수 있는 일, 그리고 하고 싶은 일이 무엇인지 생각해 볼 필요가 있다. 학교생활에서 참여했던 수업 중 학점이 높고 즐겁게 참여했던 과목 등이 무엇인지 살펴보는 것도 한 방안일 수 있으며, 지도 교수님 또는 주변 친구들이 자신에게 했던 조언이나 칭찬 등을 되새겨 볼 필요가 있다.

또한, 이런 노력과 함께 해당 분야에 대한 적극적인 정보 수집이 필요하다. 자신이 희망하는 직업에 관해 자신이 알고 있는 것이 정확한지, 현재는 괜찮지만 앞으로의 장래 가능성이 있는지, 자신보다 앞서 해당 직업을 선택한 사람들은 어떠한 삶을 살고 있는지를 알아봐야 한다. 이는 자신의 직업이기에 자신이 선택한다는 이유도 있지만, 객관적으로 이를 바라보고 보다 신중히 결정해야 할 필요가 있기 때문이다.

사례연구 ❶

직업을 선택하는 다양한 이유

1. 직업의 장래성을 보라

직업의 장래성이란 직업에 대한 앞으로의 전망이다. 선택하는 직업은 적어도 40년 이상 종사할 수 있는 자신의 평생 직업이 되어야 한다.

특히, 현대 사회처럼 사회 변동의 속도가 빠른 사회에서는 직업의 장래성에 대한 고려가 직업 선택을 현명하게 하는 중요한 조건이 된다.

안정성이 있다는 것과 장래성이 있다는 것은 다르다. 직업의 장래성은 기술의 발전, 사회 트렌드 등에 영향을 받기도 한다. 따라서 회사의 규모와 큰 상관이 없는 경우가 많다. 그러므로 비록 지금 당장은 보잘것없는 직업이라도 점차 장래성이 있는 유망한 직업이 될 수 있고, 반면에 지금 당장에는 인기가 있는 직업이라도 훗날 사양 직업이 될 수도 있다. 즉, 직업의 장래성은 고정관념을 탈피해 다각적인 안목을 가지고 판단해야 하는 것이다.

2. 안정성을 고려하라

직업의 전망이 불투명한 상태에서 일시적인 방편으로 직업을 선택하기보다 평생 안정된 직장생활을 할 수 있는 직업을 선택하는 것이 매우 중요하다. 연령적·육체적 제한 조건으로 한창 일할 나이에 직장을 그만둬야 하는 직업이나, 사회 구조가 변화되면서 직장의 존속이 우려된다거나, 어떤 조직의 개편을 통해서 통합되거나 폐지될 우려가 있는 직업은 안정성이 결여된 직업이라 할 수 있다.

3. 경제적 소득을 고려하라

직업을 선택함에 있어서 고려하는 사항 중 대부분의 사람들이 가장 중요한 요소로 꼽는 것은 경제적 소득이다. 이러한 연유로 직장생활을 오로지 돈을 벌기 위한 수단으로만 생각하는 사람들도 있는데, 이럴 경우 가장 불행한 얼굴로 원하지 않는 직장생활을 근근이 이어갈 수도 있다.

직업 선택과 관련된 후회 Best 5

1. 직업 선택의 기준이 돈만은 아니다
   고소득 전문직인 금융업 종사자들에게 이런 후회가 많다고 한다.

2. 좀 더 과감하게 그리고 일찍 직업을 바꾸었더라면….
   직장을 갖게된 후 안정적인 생활에 익숙해지고, 현 직장에서의 급여 상승이나 승진 등에 관심을 기울이다가 다른 직업을 선택할 기회가 지나가 버린 경우 후회된다고 한다.

3. 좀 더 자신감을 가졌더라면
   주변에 성공했다는 사람들마저도 자신감이 부족하여 새로운 일을 해보지 못한 것을 후회한다고 한다.

4. 학교 다닐 때 공부를 열심히 할걸
   직업을 갖게 되면 다시 학교로 돌아가는 것은 매우 어렵다. 학교야말로 아무런 걱정 없이 공부에 열중할 수 있는 가장 좋은 장소라는 것을 뒤늦게 깨닫게 되는 것이다.

5. 머뭇거리다… 내 자신을 믿어야 했는데….
   어렵지만 도전해볼 만한 일이 생기지만 머뭇거리다 지나가거나 고민의 시간이 길어져 놓치는 경우가 발생한다. 이때 자신을 믿고 저돌적으로 도전해 보지 못한 것이 후회된다고 한다.

◢ 교육적 시사점

직업을 선택하는 이유에는 다양한 요인이 있다. 사람마다 자신의 가치 기준이 있고, 때로는 잘못된 판단으로 인해 후회하는 경우도 있다. 직업 선택 시 자신만의 기준을 정하고 후회하지 않는 결정을 하는 것이 현명한 방법이다.

사례연구 ❷

거창고등학교 직업 선택의 10계명

1. 월급이 적은 쪽을 택하라.

2. 내가 원하는 곳이 아니라 나를 필요로 하는 곳을 택하라.

3. 승진의 기회가 거의 없는 곳을 택하라.

4. 모든 조건이 다 갖추어진 곳을 피하고 처음부터 시작해야 하는 황무지를 선택하라.

5. 앞다투어 모여드는 곳에는 절대 가지 마라. 아무도 가지 않는 곳으로 가라.

6. 장래성이 전혀 없다고 생각하는 곳으로 가라.

7. 사회적 존경을 바라볼 수 없는 곳으로 가라.

8. 한 가운데가 아니라 가장자리로 가라.

9. 부모나 아내, 약혼자가 결사반대하는 곳이면 틀림없다. 의심치 말고 가라.

10. 왕관이 아니라 단두대가 기다리는 곳으로 가라.

워렌 버핏의 한마디

"지금은 힘들어도 10년 후 좋아질 것 같은 회사,

혹은 지금은 보수가 적지만 10년 후 10배를 받게 될 것으로 기대되는 회사,

이런 회사는 절대로 선택하지 마십시오.

지금 즐겁지 못하면, 10년 후에도 마찬가지일 것입니다.

자신이 좋아하는 일을 할 수 있는 직업을 선택하십시오.

10년 후 부자가 되더라도 선택하고 싶은 직업, 그런 직업을 선택하십시오."

교육적 시사점

직업을 선택할 때 자신의 흥미, 재능, 적성을 무시하고 무작정 남들이 좋다고 하는 길을 따라가는 것은 옳은 방법이 아니므로 자신만의 가치 기준으로 직업을 선택하라는 의미이다.

탐구활동

1. 인간의 삶에 있어서 직업이 가지는 가치 3가지를 기술해 보자.

   ①

   ②

   ③

2. 직업 선택에 영향을 미치는 5가지 요인을 기술해 보자.

   ①

   ②

   ③

   ④

   ⑤

3. 【사례연구 1】을 읽고, 현재 시점에서 자신이 희망하는 직업과 그 직업을 희망하는 이유를 작성해 보자.

   〈희망하는 직업〉

   〈그 직업을 희망하는 이유〉

4. 【사례연구 2】를 읽고, 직업을 선택함에 있어서 가장 중요한 것이 무엇인지를 작성해 보자.

학습평가

정답 및 해설 p.188

1 ( ) 안에 알맞은 말을 채워 넣으시오.

> 인간의 삶에 있어서 태어난다고 하는 것은 자신의 의지에 따라 선택할 수
> 있는 것이 아니다. 그러나 태어난 후 인생을 살아간다는 것은 자신의 의지
> 에 따라 그 ( )와/과 ( )을/를 선택하는 것이다.

2 직업과 관련된 가치관에 대한 설명으로 바르지 않은 것을 고르시오.

① 직업을 갖는다는 것은 단순히 '돈'을 벌기 위한 의무적 행동이다.
② 혼자만의 일이 아닌 다른 누군가와 함께하기에 홀로 있는 존재가 아니라
는 의미를 심어 준다.
③ 자신의 삶을 영위하기 위한 경제적 가치가 포함되어 있다.
④ 자신이 하고자 하는 바를 이루는 가치 지향적 의미를 지닌다.

3 직업의 사회적 가치에 대한 설명으로 올바른 것을 고르시오.

① 다양한 목적을 실천함에 있어서 가장 중요한 것이다.
② 둘 이상의 사람이 상호 간에 도움을 주고받는다는 점을 의미한다.
③ 개인이 자립하여 생활할 수 있도록 하는 생계유지의 수단이다.
④ 다양한 목적을 실천함에 있어서 가장 근본적인 것이다.

4 다음 보기에서 직업의 선택에 있어 그 성격이 나머지와 다른 것을 고르시오.

① 자신의 교육 수준을 고려하여 선택한 일
② 자신의 취미로 선택한 일
③ 다른 사람보다 동일한 시간에 보다 나은 성과를 가져올 수 있는 일
④ 다른 사람보다 즐겁게 할 수 있는 일

5 다음에서 표현하고 있는 직업의 가치는? (   )

> 직업(職業)의 어원을 살펴보면 사회적 지위나 위상을 나타내는 '직'과 생업을 뜻하는 '업'이 합쳐진 말이다. 이를 쉽게 풀이해 보면 '맡겨진 일'이라는 의미이다. 이는 누군가 일을 준 사람과 그 일을 맡은 사람이 있다는 의미이다. 즉, 누군가(사람일 수도 있고, 조직일 수도 있다)에게 주어진 일을 의뢰받아 일을 수행한다는 것은 홀로 있다는 의미가 아닌 것이다.

6 직업을 선택함에 있어서 영향을 주는 요인 중 다음 설명에 해당하는 것은?

> • 개인의 삶에 있어서 정서적으로 많은 영향을 주는 존재이다.
> • 심적 공감대가 형성되어 있어 직업 선택은 물론 다양한 결정에 영향을 준다.

① 부모　　　　　　　　② 친구
③ 교수　　　　　　　　④ 가족

영화를 통한 진로 찾기: 영화 속 이색 직업

영화 속에는 다양한 직업이 등장한다. 이색 직업을 다루는 영화도 적지 않다. 이런 영화를 통해 잘 알지 못했던 새로운 직업 세계를 미리 엿볼 수 있다. 예를 들어, 영화 〈제리 맥과이어〉(1996)는 개봉 당시 일반인들이 모르던 스포츠 에이전트라는 직업을 잘 소개하고 있다. 실제 스포츠 산업은 규모가 커졌고, 스포츠 에이전트나 스포츠 마케터와 같은 직업이 등장했다. 이번에는 이색 직업이 등장하는 몇 편의 영화를 통해 '진로 찾기의 허와 실'에 대한 이야기를 하고자 한다.

먼저, 탁재훈 주연의 〈어린 왕자〉(2007)를 보도록 하자. 이 영화는 오직 일밖에 모르는 까칠한 아빠와 그의 사랑과 관심을 갈구하는 아들의 이야기를 담고 있다. 주인공 아빠의 직업은 온몸을 바쳐 열정적으로 특수한 소리를 만들어 내는 폴리아티스트이다. 영화를 보면 평소 잘 알지 못했던 폴리아티스트가 어떤 일을 하는지 알 수 있다. 폴리아티스트란 음악이나 사람 목소리 외에 모든 소리를 음향 효과로 만들어 내거나 재현하는 일을 하는 사람이다. 이 직업의 명칭은 1930년대부터 할리우드에서 활동한 전설적 음향 효과 전문가 '잭 폴리'의 이름을 따서 만들었다. 영화 및 영상산업이 더 발전하고, 스태프에 대한 처우가 개선된다면 이 직업의 위상도 높아질 것이다.

두 번째 영화는 〈인 디 에어〉(2009)란 작품이다. 이 영화의 주인공 빙햄(조지 클루니)은 해고를 전문으로 대행해 주는 기업에 근무하는 베테랑 해고 전문가이다. 그는 1년 중 대부분을 비행기에서 보낸다. 그의 마일리지가 쌓여갈수록 직장을 잃은 사람들은 늘어나지만 그는 전혀 개의치 않는다. 그는 어느 날부터인가 자신의 일과 인생, 인간관계에 대한 반문을 하기 시작한다. 이 영화는 실제로는 존재하지 않는 해고 전문가란 가상의 이색 직업을 통해 삶의 의미와 행복이 무엇인지에 대해 질문을 던지고 있다. 실제 직업 세계에서 해고는 대부분 기업 인사부서에서 처리하는 일이다. 실재하는 관련 업종으로는 해고된 근로자를 위해 소송대리 및 자문을 해주는 공인노무사와 노무법인 등이 있다. 이 영화는 직업이 있는 이들이라면 누구나 갖게 되는 일과 인생, 관계 등에 대해 생각해 볼 기회를 마련한다.

세 번째 소개할 영화는 〈스토리 오브 어스〉(1999)이다. 이 영화에는 크로스워드퍼즐 디자이너란 직업이 나온다. 크로스워드퍼즐은 바둑판처럼 생긴 네모 칸 안에 힌트에 따라 글자를 채워 넣으면 가로·세로 단어들이 서로 연결되는 퍼즐을 말한다. 크로스워드퍼즐 디자이너는 퍼즐의 패턴에 딱 맞는 어휘들을 선정하여 문제를 내는 사람이다. 이들에게는 어휘력, 다방면의 상식, 공간 배치 감각 등이 필요하다. 아직까지 우리나라에서는 많이 알려져 있지 않지만 미국에서는 제러마이아 패럴콘 등 유명 퍼즐 디자이너들이 〈뉴욕타임스〉와 같은 매체에 퍼즐을 실어 명성을 얻기도 했다.

영화 속에서는 주인공이 가끔씩 퍼즐을 하며 단어 맞히기 게임을 하는 장면이 나온다. 이 영화는 다소 생소할 수 있는 직업을 접하게 해 직업에 대한 호기심을 일으킨다. 또한, 진로 선택과 삶의 자세에 대한 좋은 메시지도 담고 있다. 소설가 벤(브루스 윌리스)과 크로스워드퍼즐 출제자 케이티(미셸 파이퍼)는 사랑에 빠져 결혼을 하지만 성격 차이로 갈등을 겪는다. 이는 비단 연애나 결혼에만 해당하는 문제가 아니다. 직업이나 직장생활에서도 일어날 수 있는 일이다.

이 영화 대사의 한 구절처럼 완벽한 결혼도, 완벽한 직업도 없다. 젊을 때 열정을 갖고 선택했던 일이나 직업도 그것을 계속하다 보면 싫증이 나게 마련이다. 하지만 이 부부는 이혼 대신 서로의 차이를 인정하고 퍼즐을 풀어가듯 서로에게 맞춰가는 길을 택한다.

영화 속 이색 직업들은 태동한지 얼마 되지 않았거나 상상 속에 있는 경우가 많다. 어떤 직업은 유망 직업으로 발전하지만, 상당수는 직업 세계에 정착하지 못하고 사라져 간다. 크로스워드퍼즐 디자이너의 경우 시대 변화에 따라 점차 사라지는 직업이다. 이렇게 영화 속에 등장하는 다소 낯선 직업들을 통해 특정 직업들이 사회 변화에 따라 어떻게 등장해서 어떻게 사라져 가는지에 대해서도 생각해볼 수 있다.

– 김상호(연구위원/민간자격지원센터), 한국직업능력개발원 홈페이지(http://www.krivet.re.kr/ku/index.jsp)

미래에 살아남을 직업과 미래에 사라질 직업

지난 5일(현지 시각) 〈워싱턴포스트〉는 "10년 후 당신의 직업은 존재하지 않을 수 있다."며 미래에 살아남을 직업을 확인하는 방법을 소개했다.

먼저 미래에는 기존 직업 중 50만 개가량이 인공지능으로 작동하는 로봇이나 기계로 대치될 것이라는 호주 정부의 보고서를 언급하면서 미래의 직업 대부분은 현재 존재하지 않는 직업일 것이라고 밝혔다.

"미래의 일은 대부분 아직 발명되지 않은 것들임을 고려하면 그 미래의 일이 실제로 어떻게 표시되는지 확신할 수 없지만 예측은 가능하다."면서 하워드 가드너(Howard Gardner) 하버드대 교수가 쓴 《미래를 위한 다섯 가지 생각》이라는 책의 내용 등을 인용해 미래에 직업을 고를 때 고려해야 할 포인트를 몇 가지 제시했다.

첫째, 로봇이 할 수 없는, 인간만이 할 수 있는 일
둘째, 창조적인 아이디어로 세계적으로 연결된 기술과 관련된 일
셋째, 통신 기술은 항상 중요하고 빅 데이터를 처리할 수 있는 일
넷째, 정보 관리
다섯째, 구글, 유튜브, 페이스북, 아마존, 위키피디아, 트위터, 이베이 등이 이미 실행하고
　　　있는 것처럼 가상환경을 다룰 수 있는 일 등

위와 같은 것들이 미래의 직업을 고를 때 고려해야 할 포인트라고 설명했다.

미래에 살아남을 직업 가운데 IT 관련 직업은 정보 보안 분석가, 빅 데이터 분석가, 인공지능 및 로봇 공학 전문가, 모바일 애플리케이션 개발자, 웹 개발자, 데이터베이스 관리자, 비즈니스 인텔리전스 분석가, 게임 디자이너, 비즈니스/시스템 분석가 및 윤리학자 등을 꼽았다.

이어 엔지니어, 회계사, 변호사, 금융 컨설턴트, 프로젝트 매니저, 의사, 간호사, 약사, 물리 치료사, 수의사, 심리학자, 보건 서비스 관리자, 교사, 시장 조사 분석가, 영업 담당자와 건설 노동자 중 벽돌공과 목수 등을 꼽았다.

반대로 수요가 줄어들 직업으로는 농업 노동자, 우편 서비스 노동자, 재봉틀 사업자, 배전반 사업자, 데이터 입력 사무원 및 워드 프로세서 타이피스트 등을 언급했다.

마지막으로 하워드 가드너는 "미국 노동부에 따르면 10년 후 세상에 존재할 직업 중 약 65%는 지금껏 한 번도 생각하지 못했던 것들"이라고 덧붙였다.

– 야심뉴스, 2015년 1월 7일자

제3절 직업윤리의 의미와 중요성

1 직업윤리의 의미

한국고용정보원에서는 10년 후 직업 세계 트렌드를 예측하면서 현재 가장 인기가 좋은 직업인 초·중등교사를 비롯하여 증권 및 외환중개인, 용접원, 사진가, 상품 판매원 등이 일자리가 줄어들 것이라고 했다. 반면 10년 후에는 애완동물 관련 직업, 피부관리사, 메이크업 아티스트를 비롯하여 환경 및 신 재생에너지 관련 직업의 수요가 증가할 것으로 전망했다. 또한, 구글이 선정한 세계 최고의 미래학자인 토마스 프레이 다빈치 연구소장은 2030년에는 현재의 일자리 중 절반이 사라지고, 80% 이상의 직업이 없어지거나 진화할 것으로 보았다. 사회 변화의 속도를 따라잡지 못한 직업은 도태되고, 반면에 다양한 분야에서 새로운 전문성과 기술을 필요로 하는 곳이 늘어나면서 이들의 수요를 충족시키기 위한 직업이 계속 생겨나고 있는 것이다.

특히 현대 사회에서 새롭게 등장한 직업은 우리가 일반적으로 생각했던 직업보다 훨씬 더 다양하다. 한국고용정보원이 2013년을 기준으로 최근 5년간 등장한 신생 직업을 조사한 결과를 보면 다음과 같다.

> **신생 직업**[2]
> - Social Network · 착한 만남 · 함께 돌봄 부문: 소셜큐레이터서비스기획자, 디지털마케터, 공정여행기획자, 공정무역전문가, 재능기부코디네이터, 인터넷게임중독치료전문가, 자살예방상담가
> - 그린잡(Green Jobs) 부문: 제품환경컨설턴트, 에코제품디자이너, 도시농업활동가, 환경교육강사, 오염부지정화연구원, 인공어초연구개발자, 스마트그리드통합운영원
> - 경영 · 마케팅 부문: 디지털음원마케터, 방송콘텐츠마케팅디렉터, 바이오물류전문가, 원산지관리사, 호텔레비뉴매니저
> - 첨단 기술 · IT 부문: 로봇공연기획자, 실버로봇서비스기획자, 우주전파예보관, 핵융합로연구개발자, 빌딩정보모델링(BIM)전문가, 음성인식UX디자이너, 디지털포렌식수사관

---

2) 출처: 2013 신생 및 이색 직업 p.6, 한국고용정보원 홈페이지(http://www.keis.or.kr/main/www.do)

- 문화 · 웰빙 부문: 큐그레이더, 메디컬일러스트레이터, 반려동물사진작가, 모유영양분석가, 아기변성진단가, 문화PD

그리고 각 부분에 속하는 직업 중 일부 직업의 직무를 살펴보면 다음과 같다.

직업별 직무[3]

- 디지털마케터(SNS 부문): 인터넷, SNS 채널과 휴대폰, 태블릿PC 등 디지털매체 등을 통해 상품을 마케팅한다.
- 재능기부코디네이터(착한 만남 부문): 전반적인 재능기부 활동을 기획하고 자신의 재능을 기부할 인재와 재능기부가 필요한 곳을 알선한다.
- 자살예방상담가(함께 돌봄 부문): 자살을 시도하려 하거나 자살로 힘들어하는 사람들을 대상으로 상담과 자살예방 교육을 실시한다.
- 스마트그리드통합운영원(그린잡 부문): 스마트그리드(기존 전력망에 IT기술을 접목한 지능형 전력망)와 연동된 전력 시장과 전력 계통망을 통합적으로 운영한다.
- 호텔레비뉴매니저(경영 · 마케팅 부문): 호텔의 매출 증대를 위해 일, 월, 연 단위로 상황에 적합하게 호텔 숙박료를 조정하고 결정한다.
- 음성인식UX디자이너(첨단 기술 · IT 부문): AUI(Auditory User Interface)의 한 분야인 VUI(Voice User Interface)에 대한 사용자 경험을 연구하고 제품이나 서비스 개발에 반영한다.
- 아기변성진단가(문화 · 웰빙 부문): 아기의 변을 촬영한 사진을 보고 아기의 건강을 분석하고, 분석결과를 의뢰인에게 설명한다. 변의 특성을 통해 아기들의 질병과 발육 상태 등에 대한 질문에 답변을 제공한다.

이와 같이 다양한 분야에서 새로운 직업이 생긴다고 하는 것은 사람들의 수요가 증대한다는 것이며, 이를 만족시키기 위한 해당 분야의 고유한 전문성을 갖춘 직업을 필요로 한다는 것을 의미한다. 이에 일부 직업들은 전문교육과정, 자격증 또는 면허 등을 통해 해당 직업에 종사하기 위한 엄격한 자격기준을 제시하기도 한다.

직업이란 이렇듯 특정 분야에서나 타인과의 관계 속에서 진행되는 일이다. 따라서 일반적인 윤리가치보다 더 세분화되고 해당 분야에서 지켜야 할 것들의 핵심 가치에 있어서 차이가 발생하기 마련이다. 의료직에 종사하는 사람들은 생명의 가치를, 교직에 종사하는 사람들은 도덕적 가치를, 서비스직에 종사하는 사람들은 봉사적 가치를 중시하는 것이 바로 해당 직업별로 더욱더 중시되고 지켜야 하는 직업윤리가 필요한 이유인 것이다.

직업윤리의 개념은 학자마다 다르게 해석할 수 있으나 대체로 '직업인으로서 마땅히 지켜야 하는 도덕적 가치관'이라고 할 수 있다. 이는 일정한 사회적 규범이 같은 직종에 종사하는 사람들의 의식 속에 내재화된 윤리를 말하는 것이다.[4] 즉, 윤리가 우리 사회에서 오랜 시간에 걸쳐, 우리 사회에 맞게 정형화된 사회적 가치규범이라고 한다면 직업윤리란 해당 직업의 변천 과정에 따라 해당 직업군에 종사하고 있는 사람들이 특히 더 중시하고 지켜야 할 가치규범이라고 할 수 있다. 이는 해당 직업별로 주로 접하는 환경적 측면이 다르기 때문에 발생하는 가치규범으로 이를 준수함으로써 보다 더 직업에 대한 자긍심과 만족감 등을 가질 수 있게 된다.

② 직업윤리의 중요성

직업윤리의 대표적인 사례로 흔히 제시되는 노스캐롤라이나 주 더럼 시의 이매뉴얼 에번스(Emmanuel Evans)의 백화점 경영 사례를 살펴보자.

당시 미국 사회에서는 인종차별이 당연시되었고, 백화점 카페테리아에서 흑인들은 앉는 것 자체가 금지되었다. 흑인은 카페테리아 안에서는 서 있어야 했으며, 주문한 음식이 나오면 그것을 들고 밖으로 나가서 먹어야 했다. 에번스는 그러한 흑인들의 모습을 보고 그들을 동등한 고객으로서 어떻게 대할 수 있는지에 대해서 고민했다. 법을 위반하고 흑인 고객들을 백인들과 같이 테이블에 앉게 했을 때는 벌금형을 받거나 감옥에 수감되는 처벌을 받을 수밖에 없었기 때문이다.

당시는 인권운동이 일어나기 전이었고 아직 시민불복종과 같은 시민운동이 일어나기 전의 시대였다. 여러분이라면 어떻게 했을 것인가? 에번스는 카페테리아에 아무도 앉지 못하도록 운영 정책을 바꾸었다. 아예 모든 테이블과 의자를 치워버린 것이다. 즉, 법을 위반하지 않았지만 흑인차별에 있어서 강력한 항변을 하는

---

3) 출처: 2013 신생 및 이색 직업 pp.7~8, 한국고용정보원 홈페이지(http://www.keis.or.kr/main/www.do)
4) 요양보호사의 직업윤리와 자기개발 p.3, 2011, 보건복지부

것을 보여준 것이다. 이후 에번스의 카페테리아는 더럼 시에서 최초로 인종차별이 없어진 음식점이 되었고, 후에 에번스는 더럼 시의 시장으로, 그리고 더럼 시민들이 가장 좋아하는 역대 시장들 가운데 한 사람이 되었다.

앞에서 본 사례는 직업에 종사함에 있어서 명확한 가치관과 윤리의식을 보여준다. 직장생활을 함에 있어서 아무런 가치 기준이 없이 단순히 출퇴근만 반복하며 먹고살려는 사람이 있는가 하면 어떤 사람은 행위의 올바름과 그렇지 않음을 스스로 인식하여 이를 직업생활에 적용하고, 잘못된 것이 있을 경우 고치려고 하는 것이다.

인간이 일을 해야 하는 이유는 다양하다. 앞서 소개했지만 경제적 이윤 추구라는 목적을 위해서일 수도 있고, 자아실현을 위해서일 수도 있다. 하지만 중요한 것은 그것이 설사 개인의 목적에 따라 선택한 일일지라도 분명 다른 사람과 관계가 있다는 것이다. 늑대소년처럼 야생에서 혼자 생존하며 본능적 욕구 중심의 삶을 사는 이에게 윤리는 크게 의미가 없다. 자신이 하고자 하는 대로 해도 누군가에게 피해를 주는 것은 아니며, 그 행동을 함에 있어서 선택의 기준이 이성이 아닌 본능에 따라 행동한 것이기 때문이다. 그러나 일반적 사회생활에서 어떤 행동을 한다는 것은 그 결정을 내리기까지의 이성적 판단과 개인의 의지, 의도성 그리고 필연적으로 다른 사람과 연계가 되어 있기에 반드시 해야 할 일과 그렇지 않은 일로 구분될 수밖에 없으며 여기에서 명확한 가치 기준, 즉 윤리가 필요한 것이다.

우리나라의 경우 1960년대부터 1980년대에 이르는 기간을 '한강의 기적'으로 표현한다. 국민소득이 약 20배 증가했고, 명목 국내총생산(GDP)은 약 12배 이상 증가했다. 이는 지하자원이 풍부해서도 아니고, 기반 시설이 갖추어져 있어서도 아니고, 다른 누군가의 도움을 받아서도 아니다. 오직 국민의 근면 성실함, 즉 인적 자원의 개발을 통해 이룬 기적이다. 이처럼 짧은 시간 내에 이룬 경제 성장은 국민들에게 꿈과 희망, '할 수 있다'라는 의식적 측면에서 긍정적인 영향을 준 것도 사실이다. 하지만 급격한 산업화와 도시화, '돈이 최고의 가치'라는 배금주의, 물질만능주의로 인한 비인간화 현상 등으로 직업의 가장 중요한 가치가 돈을 벌기 위해서라는 가치 전도 현상에까지 이르게 되었다.

특히 직업의 분화와 직능의 특수화, 전문화가 이루어지면서 자신과 특별히 관련이 없는 직업에 종사하는 이들의 일과 그들에게 필요한 가치를 잘 알지 못하는 폐쇄적인 현상까지 나타나고 있다. 이 때문에 각 직업이 필요로 하는 가치를 해당 직업의 종사자들이라도 확실히 알아 두어야 하며, 그 전에 해당 직업이 필요로 하는 가치의 기준이 무엇인지를 명확히 해야 한다. 성직자에게 요구되는 윤리, 교육자에게 요구되는 윤리, 군인에게 요구되는 윤리가 각각 다르듯이 해당 직업에 종사하는 사람들을 위한 명확한 가치 기준이 필요한 것이다.

동물은 태어나면 본능적으로 어미를 찾아가 젖을 빨고 스스로 설 수 있다. 그러나 인간은 동물과 다르게 상당히 미숙한, 그리고 미완성인 상태로 출발한다. 이는 동물들은 신체 구조가 자연환경에 알맞게 되어 있으나 인간은 그렇지 않기 때문이다. 따라서 어린 시절에 부모나 다른 사람의 절대적인 도움을 받고 자라면서 환경에 적응해 나가게 되고, 의식주 등의 선택과 적응을 통해 문제를 해결해 나간다. 이는 기본적인 생존과 자아실현을 위한 활동이 된다. 그렇기 때문에 인간이 살고자 하는 적극적인 노력 전체를 가리켜 일이라고 한다면, 인간은 일을 하면서 살아갈 수밖에 없는 존재인 것이다.

일을 해야 한다는 이유가 자신의 꿈을 위해서 혹은 성공을 위해서, 먹고살기 위해서라고 한다면 그것은 지극히 개인적인 이유에서 나온 답일 것이다. 그러나 세상의 모든 일은 그 출발에 있어서 개인적인 선택일 수 있으나 결국은 사회 안에서 다른 사람과 함께 삶을 살아가는 것이며 이는 곧 사회적 관계와 필요에 의해서 살아간다는 의미이다. 비록 선택은 개인적인 이유였지만 결국 그것은 다른 사람의 필요에 의해서, 사회 내에서 인간으로 존재하기 위해서 참여하는 행위인 것이다. 그렇기 때문에 현대 사회를 살아가는 사회인으로서의 행위는 개인에게 뿐만 아니라 자신과 관계를 맺고 있는 직장, 사회에 있어서 윤리적 행동을 요구하는 것이다.

사례연구 ❶

美 정부 기밀 폭로 스노든, 직업윤리 위반으로 해고

미국 국가안보국(NSA)의 광범위한 인터넷 감시를 폭로한 에드워드 스노든이 소속 회사에서 해고됐다. 그가 일하는 컨설팅 업체 부즈앨런해밀턴은 "직업윤리 등 회사 정책에 위배된다."며 스노든을 해고했다고 12일 밝혔다.

부즈앨런해밀턴은 NSA를 비롯해 여러 기관과 기업에 정보 분석 자료를 제공한다. 스노든은 이 회사에서 3개월가량 일했다. 이 기간 그가 받은 임금은 12만 2,000달러(약 1억 4,000만 원가량)이다.

스노든의 기밀 폭로로 미국 정부가 개인 정보를 무차별적으로 광범위하게 수집해왔다는 사실이 밝혀지면서 미국이 발칵 뒤집혔다. 특히 스노든이 정부 기관이 아닌 민간 업체에 근무한다는 사실이 알려지자 미국 첩보 업무가 민간 계약 업체에 좌지우지된다는 우려도 커졌다.

미국 정부에 인력과 외주 서비스를 제공하는 민간 업체는 2001년 9.11 테러 이후 대테러 첩보 예산이 증액되며 급격히 증가했다. 관료주의에 찌든 정부보다 민간 기업이 첨단 기술 적응이 빨라 계약이 유리하다는 인식이 퍼졌기 때문이다.

2007년 미국 연방 상원의 정보위원회 보고서에 따르면 핵심 외주 직원 1명에게 들어가는 비용은 연간 25만 달러(약 2억 8,000만 원)로 공무원 비용보다 두 배 이상 많았다. 스노든이 일한 부즈앨런해밀턴은 지난해 매출액이 58억 6,000만 달러(약 6조 6,000억 원)에 달하며 이 가운데 22%를 첩보 관련 외주 사업에서 벌어들였다.

스노든은 현재 홍콩에서 잠적한 상태다.

- 전자신문, 2013년 6월 12일자

교육적 시사점

자신이 하고 있는 일에 대해서 함부로 폭로하는 것이 직업윤리 의식에 어긋나는 것임을 인지하고, 상황별, 직업별로 각기 다른 직업윤리를 준수해야 하는 이유에 대해서 돌이켜 생각해 볼 필요가 있다.

사례연구 ❷

〈사례 1〉

엔지니어인 제임스는 미국의 한 지역에서 다리 붕괴 위험 여부를 조사하는 업무를 맡고 있다. 어느 날 제임스는 A다리의 붕괴 위험 여부를 조사하던 중 A다리가 가까스로 안전 판정을 받을 수는 있지만, 꽤 심각할 정도의 붕괴 위험에 놓여 있다는 것을 알게 되었다. 제임스는 곧장 A다리를 책임지고 있는 정부 대리인과 접촉하여 자신의 의견을 전달했다. 제임스의 말을 들은 정부 대리인은 그에게 "A다리의 상황을 알고 있고, 내년도 예산 책정에 A다리의 보수 비용을 반영할 것이다."라는 답변을 전했다. 더불어 정부 대리인은 만약 A다리를 통제한다면 시민들이 불편을 겪을 뿐만 아니라 경찰차, 소방차, 응급차 등의 긴급 구조 차량들은 다른 도로로 돌아가야 하기 때문에 출동하는 데 대략 20분 이상이 더 소요되므로 A다리는 계속 이용이 필요할 것 같다는 말을 덧붙였다. 정부 대리인의 말을 들은 제임스는 내년도 예산 편성에 A다리 보수 비용이 반영될 것이란 점만 생각하며 정부 대리인에게 당장 취할 수 있는 조치에 대해서도 전혀 언급을 하지 않았고, 아무런 말이 없는 제임스의 모습을 본 정부 대리인도 A다리를 계속 이용하는 데 아무 문제가 없을 것이라 판단했다.

〈사례 2〉

화학박사 학위를 갓 취득한 토르는 건강이 썩 좋지 않은 탓에 다른 사람들에 비해 일자리를 구하는 것이 매우 힘들었다. 이 때문에 그의 아내가 생계를 유지하기 위해 일을 했는데, 외벌이로는 어린 아이들의 양육비를 감당하기가 매우 어려웠다. 이로 인해 토르의 아내는 심한 스트레스를 받았고, 이런 상황을 알게 된 토르의 선배 화학자는 그에게 수입이 꽤 좋은 실험실에서 일할 수 있도록 주선하겠다고 얘기했다. 토르는 일자리를 구할 수 있다는 생각에 기뻤지만, 선배로부터 그곳이 생화학 전쟁을 연구하는 곳이라는 이야기를 듣고 나서는 자신의 양심과 현실의 사이에서 어떤 결정을 내려야 할지 몹시 혼란스러웠다.

교육적 시사점

자신의 행동이 직업윤리의 가치 기준에 빗대어 보아 윤리의식에 위배되는 것인지 아닌지를 생각해 보고, 옳은 선택을 위해 어떤 기준을 마련하는 것이 좋을지 생각해 봐야 한다.

탐구활동

1. 인간의 삶에 있어서 직업윤리가 필요한 이유를 기술해 보자.

 ①

 ②

 ③

2. 【사례연구 1】을 읽고 사고가 일어난 이유는 무엇이라고 생각하는지와 사례에서의 처벌에 대한 찬반의 이유를 작성해 보자.

 〈사고가 일어난 이유〉

 〈사례에서의 처벌에 대한 찬성 또는 반대의 이유〉

3. 【사례연구 2】의 〈사례 1〉을 읽고, 자신이 제임스라면 어떠한 행동을 취할 것인지 그 이유도 함께 작성해 보자.

4. 【사례연구 2】의 〈사례 2〉를 읽고, 자신이 토르라면 어떠한 행동을 취할 것인지 그 이유도 함께 작성해 보자.

정답 및 해설 p.188

학습평가

1 (   ) 안에 알맞은 말을 채워 넣으시오.

> 직업윤리의 개념은 학자마다 다르게 해석될 수 있으나 대체로 직업인으로
> 서 마땅히 지켜야 하는 (   )을/를 뜻하는 것으로 이는 일정한 사회적 규
> 범이 같은 직종에 종사하는 사람들의 의식 속에 내재화된 윤리를 말하는
> 것이다.

2 직업윤리의 개념으로 바르지 않은 것을 고르시오.

① 직업인으로서 마땅히 지켜야 하는 도덕적 가치관
② 일정한 사회적 규범이 같은 직종에 종사하는 사람들의 의식 속에 내재
   화된 윤리
③ 해당 직업의 변천 과정에 따라 해당 직업군에 종사하고 있는 사람들이
   특히 더 중시하고 지켜야 할 가치 규범
④ 우리 사회에서 오랜 시간에 걸쳐 우리 사회에 맞게 정형화된 사회적 가치
   규범

3 (   ) 안에 알맞은 말을 채워 넣으시오.

> 각 직업이 필요로 하는 가치를 해당 직업의 종사자들이라도 확실히 알아
> 두어야 하며, 그 전에 직업이 필요로 하는 가치의 기준이 무엇인지를 명확
> 히 해야 한다. 성직자에게 요구되는 윤리, 교육자에게 요구되는 윤리, 군인
> 에게 요구되는 윤리가 각각 다르듯이 해당 직업에 종사하는 사람들을 위한
> 명확한 (   )이/가 필요한 것이다.

4 직업윤리가 필요한 이유로 바르지 않은 것을 고르시오.

① 사회 참여의 가장 근본적인 방안 제시
② 본능적 욕구를 충족하기 위함
③ 타인과의 관계성을 고려하기 위함
④ 자아실현의 가장 근본적인 방안 제시

Tip

'프린트 실명제' 확산 추세

기업들이 프린터 실명제를 도입하는 사례가 늘고 있다는 기사를 접했다. 최근 들어 보안 사고의 증가가 이 같은 추세를 가져오고 있다는 것이다.

프린트 실명제란 문서에 출력한 직원의 소속 신분을 명기하는 것을 말한다.

쉽게 설명하자면 지하철 공사 시에 책임선을 명확하게 하기 위해 실명으로 이름을 남겨 놓는 것과 마찬가지일 것이다. 설계도나 고객 정보처럼 기업의 주요 기밀문서가 퇴직자 또는 현직 직원에 의해 유출되거나 파기되지 않은 채 방치되면서 나타나는 피해를 막을 수 있는 대안으로 각광을 받고 있다.

문서 유출의 당사자를 쉽게 발견할 수 있고 이름이 표시되면서 사전 예방 효과를 볼 것으로 기대하고 있기 때문이다. 산업 비밀을 캐내려는 움직임이 점차 많아지고 있는 것이 사실이다.

물론 지금이야 프린터로 뽑은 자료보다는 e메일이나 첨단 방법을 통해 유출되는 경우가 많지만 일단 작은 부분부터 대안을 만들어 가자는 측면에서 이런 하드웨어적인 준비도 괜찮을 듯하다. 물론 그것보다 더 중요한 것은 개인이나 회사나 원칙대로 직업윤리에 적합한 행동을 하는 일이다.

– 전자신문, 2004년 6월 28일자

학/습/정/리

1. 윤리란 다른 사람과 함께 생활하는 공간에 있어 개인과 타인을 위해 필요한 무조건적인 규범이며 그 기준이 외부가 아닌 내 안의 스스로의 양심에 있다.

2. 윤리적 행동을 바라보는 시각으로는 의무적 측면을 강조하는 '의무론적 윤리설 (Deontological Ethics)'과 결과적 측면을 강조하는 '목적론적 윤리설(Teleological Ethics)' 로 구분된다.

3. 직업 선택에 영향을 미치는 요인 중 가장 중요한 것은 바로 직업 선택의 주체인 '자신의 의지'이다.

4. 직업윤리의 개념은 학자마다 다르게 해석될 수 있으나 대체로 '직업인으로서 마땅히 지켜야 하는 도덕적 가치관'을 뜻하고 있다.

5. 직업윤리란 해당 직업의 변천 과정에 따라 해당 직업군에 종사하고 있는 사람들이 특히 더 중시하고 지켜야 할 가치규범이라고 할 수 있다.

6. 직업의 분화와 직능의 특수화, 전문화가 이루어지면서 자신과 특별히 관련 없는 직업에 종사하는 이들의 일과 그들에게 필요한 가치를 잘 모르게 되고 있다. 그에 따라 해당 직업에 종사하는 사람들이라도 이를 확실히 알아 두어야 하며, 그 전에 그 직업이 필요로 하는 가치 기준을 명확히 해야 한다.

NCS
직업기초능력평가

직업
윤리

근로윤리

제❷장
근로윤리

▶▶ 학습목표

구분	학습목표
일반목표	근로윤리의 의미와 가치 및 중요성을 인식할 수 있으며 직업생활 내에 적용하여 행동할 수 있다.
세부목표	1. 근로윤리의 의미와 중요성에 대해서 설명할 수 있다. 2. 근면, 정직, 성실에 대한 개념을 이해하고 설명할 수 있다. 3. 바람직한 직업의식과 그렇지 않은 직업의식을 구분할 수 있다.

세부요소 및 행동지표	근면성	나는 일을 할 때 대충 시간만 때우지 않고 최선을 다하여 책임감을 가지고 할 수 있다.
	정직성	나는 실수를 하면 핑계를 대지 않고 솔직하게 용서를 구할 수 있다.
	성실성	나는 타인과의 관계에서 최대한 성의 있는 행동을 하여 상대방에게 믿음을 줄 수 있다.

▶▶ 주요 용어 정리

근로윤리

업무에 대한 존중을 바탕으로 근면·성실하고 정직하게 업무에 임하는 자세를 의미한다.

직업의식

직업활동을 함에 있어서 각 주체가 지켜야 할 책임과 의무를 의미한다.

기업윤리

기업에서 지켜야 할 의무와 도덕성을 의미하며 기업의 사회적 책임이 따른다.

제1절 근로윤리의 의미와 중요성

■ 근로윤리의 의미와 중요성

일을 한다는 것은 다른 말로 표현하면 곧 '노동에 종사한다', '근로에 종사한다'라고 할 수 있다. 일, 노동, 근로라는 단어들의 사전적 의미를 살펴보면 다음과 같다.

- 일: 무엇을 이루거나 적절한 대가를 받기 위하여 어떤 장소에서 일정한 시간 동안 몸을 움직이거나 머리를 쓰는 활동. 또는 그 활동의 대상
- 노동: 사람이 생활에 필요한 물자를 얻기 위하여 육체적 노동이나 정신적 노력을 들이는 행위
- 근로: 부지런히 일함

각각의 단어가 표현하는 방식은 다르지만 이를 통해서 보았을 때 일을 한다는 것은 어떤 목적을 대상으로 머리나 몸을 움직여 하는 의도적 행동을 가리킴을 알수 있다. 그리고 여기에는 필연적으로 2가지 주체가 있어야 이러한 조건이 성립된다. 바로 사용자와 노동자이다. 물론 1인 창업을 하여 홀로 일하는 사람은 사용자인 동시에 근로자인 다소 특수한 상황에 있을 것이다.

노동자와 사용자는 어느 한쪽만 존재해서는 의미가 없으며 양자가 상호 간 필요에 따라서 성립하는 관계라고 할 수 있다. 과거에는 노동자에 비해 사용자, 즉 고용주가 절대적 우위관계에 있었다. 생산수단 자체를 소유한 고용주는 넘치는 노동자들 중 원하는 이들을 선택할 수 있는 권리가 있었기 때문에 노동자는 다소 부당하다고 하더라도 생계를 유지하기 위해서 고용주의 지시를 따를 수밖에 없었다. 즉, 고용주는 노동자를 선택할 수 있는 권한과 선택이 있었지만, 노동자는 그렇지 않았던 것이다. 그러나 현대 사회는 고용주와 노동자가 상호 간 협력관계임을 인정하고 보다 협력적인 관계로 그 성격이 변화하고 있다. 과거 위아래였던 수직적 관계에서 모든 개인을 평등한 인격체로 보고 계약 자유의 원칙에 의해 상호 대등한 평등의 관계로 보기 때문이다. 그렇기 때문에 각 주체가 지켜야 할 책임과 의무가 따른다.

기업의 존재 이유는 이윤 추구이다. 그렇기 때문에 가능하면 최소의 자원을 투입하여 최대의 성과를 거두려고 하고, 이러한 논리는 기업 운영의 핵심 축을 구성

한다. 그러나 이러한 운영을 둘러싸고 있는 다양한 환경이 있기 때문에 무턱대고 이윤 추구의 논리만 적용했다가는 그 기업은 유지될 수 없다. 고용자의 이윤 추구를 위해 노동을 지불하는 노동자가 있을 것이고, 거기서 나온 생산품을 구매하는 소비자가 있을 것이다. 그러므로 반드시 각각의 이해관계자에게 피해를 주지 않아야 하는 것은 기업이 지켜야 할 기본 룰이다. 기업이 이윤 추구만을 목적으로 최소한 지켜야 할 것도 지키지 않는다면 그 기업은 존재할 가치가 없음은 물론, 노동자와 소비자 모두에게 소외되어 결국 망하게 될 것이다. 이를 보다 세부적으로 살펴보면 다음과 같은 기업윤리가 있음을 알 수 있다.

첫째, 재화나 서비스의 생산과정에 거짓이 있어서는 안 된다.
둘째, 생산된 재화나 서비스가 소비자에게 위해를 가해서는 안 된다.
셋째, 기업에서 일하고 있는 근로자의 최소한의 권리를 보장해 주되, 그들의 희생을 강요해서는 안 된다.
넷째, 기업 상호 간에는 자유롭고 공정한 경쟁을 기반으로 한 선의 경쟁 체제를 유지해야 한다.
다섯째, 기업과 근로자, 소비자가 존재하는 사회환경 및 자연환경에 피해를 주어서는 안 된다.

최근에는 '사회적 기업(Social Enterprise)'이 등장하여 과거 이윤만 추구했던 기업의 성격에서 벗어나고 있다. 사회적 기업이란 영리기업과 비영리기업의 중간 형태를 말한다. 즉, 사회적 목적(공공성)을 우선적으로 추구하면서 재화나 서비스의 생산 및 판매 등 영업활동을 수행하는 기업인 것이다. 이들은 단순한 이윤 추구만을 목적으로 하지 않는다. 일반적인 기업(영리기업)이 주주나 소유자를 위해 이윤 추구를 중심으로 경영활동을 한다면, 사회적 기업은 사회복지 차원에서 관련 서비스를 제공하고 취약 계층에게 일자리 창출을 지원을 하는 등 보다 공공성을 띄고 있다. 사회적 기업의 유형을 구체적으로 살펴보면 다음과 같다.

사회적 기업의 유형[5]
- **일자리 제공형**: 조직의 주된 목적이 취약 계층에게 일자리를 제공
- **사회서비스 제공형**: 조직의 주된 목적이 취약 계층에게 사회서비스를 제공
- **지역 사회 공헌형**: 조직의 주된 목적이 지역 사회에 공헌

- **혼합형**: 조직의 주된 목적이 취약 계층 일자리 제공과 사회서비스 제공이 혼합
- **기타형**: 사회적 목적의 실현 여부를 계량화하여 판단하기 곤란한 경우

그렇다면 근로자는 어떠한 윤리를 지켜야 하는가? 고용주와 근로자가 상호 간에 필요에 의해서 협력한다는 것은 상호 간에 지켜야 할 약속이 있다는 것이다. 근로자가 일하는 가장 큰 이유가 생계유지일 때 이러한 대가를 받기 위해서 근로자는 고용주가 요구하는 것들을 자신의 권리를 침해받지 않는 선에서 지켜야 한다. 그리고 이러한 상호 간의 약속을 우리는 고용계약이라고 하여 명시하는 것이다. 물론 근로자는 노동의 대가로 임금을 받기도 하고 승진이라는 기회를 받기도 하며, 이러한 과정에서 노동의 즐거움과 사회 참여의 기쁨, 자신의 존재 이유 등을 확인받기도 한다. 그러나 이러한 과정에서 눈앞의 이득만을 위하여 해서는 안 될 불법이나 속임수, 거짓 등의 행위를 한다면 소비자는 물론 기업, 그 물건을 생산한 자신에게까지 좋지 않은 결과를 가져올 것이다. 홀로 행한 어떤 행위가 혼자만의 이득이나 피해로 종결되지 않고 여러 사람에게 영향을 미치는 사회에서는 일을 함에 있어서 더욱 엄격한 근로윤리가 필요한 것이다.

2 가치 기준에 따른 다양한 근로윤리

각기 다른 목적을 갖고 각기 다른 직업에 종사하듯이 우리 사회에는 다양한 직업윤리가 존재한다. 해당 직업마다 요구하는 수준이 다르고 주로 접하는 대상도 다르며, 해당 직업 외의 다른 사람들에게 잘 알려지는 일일 수도 있기 때문에 누가 강제하지 않아도 그들 스스로 요구되는 직업윤리를 내세우고 있는 것이다. 이들 기업에서는 기업윤리강령(Code of Business Ethics)이라는 이름으로 해당 기업에 속한 조직원들이 지켜야 할 윤리적 행동에 방향성을 제시하기도 한다. 기업윤리강령이란 기업의 경영 행위 기준이 되는 일반적 가치 체계, 윤리 원칙 및 회사가 적용하고자 하는 특정의 규칙을 문서화한 것을 의미한다. 다음은 일부 직업에서 내세우고 있는 윤리강령이다. 이를 통해 각 직업마다 어떤 점을 보다 더 중요시 여기고 있는지 알아보도록 하자.

---

5) 출처: 사회적 기업 정보, 한국사회적기업진흥원 홈페이지(http://www.socialenterprise.or.kr/index.do)

1) 의사와 간호사

여러 다양한 가치 기준이 존재하지만 인간의 생명을 대신할 만한 가치를 찾기 힘들며 이에 우리는 인간의 존엄성이라는 보편적 가치를 인정하고 있다. 인간의 생명을 유지하고 되살리는 대표적인 직업으로는 의사와 간호사가 있고, 그중 간호사는 다음과 같은 근로윤리를 강조하고 있다.

[한국간호사 윤리강령]

간호의 근본 이념은 인간 생명의 존엄성과 기본권을 존중하고 옹호하는 것이다.

간호사의 책무는 인간 생명의 시작으로부터 끝에 이르기까지 건강을 증진하고, 질병을 예방하며, 건강을 회복하고, 고통을 경감하도록 돕는 것이다.

간호사는 간호 대상자의 자기결정권을 존중하고, 간호 대상자 스스로 건강을 증진하는 데 필요한 지식과 정보를 획득하여 최선의 선택을 할 수 있도록 돕는다.

이에 대한간호협회는 국민의 건강과 안녕에 이바지하는 전문인으로서 간호사의 위상과 긍지를 높이고, 윤리의식의 제고와 사회적 책무를 다하기 위하여 이 윤리강령을 제정한다.

I. 간호사와 대상자

  1. 평등한 간호 제공
    간호사는 간호 대상자의 국적, 인종, 종교, 사상, 연령, 성별, 정치적·사회적·경제적 지위, 성적 지향, 질병과 장애의 종류와 정도, 문화적 차이를 불문하고 차별 없는 간호를 제공한다.

  2. 개별적 요구 존중
    간호사는 간호 대상자의 관습, 신념 및 가치관에 근거한 개인적 요구를 존중하여 간호를 제공한다.

  3. 사생활 보호 및 비밀유지
    간호사는 간호 대상자의 사생활을 보호하고, 비밀을 유지하며 간호에 필요한 정보 공유만을 원칙으로 한다.

  4. 알 권리 및 자기결정권 존중
    간호사는 간호 대상자를 간호의 전 과정에 참여시키며, 충분한 정보 제공과 설명으로 간호 대상자가 스스로 의사결정을 하도록 돕는다.

  5. 취약한 대상자 보호
    간호사는 취약한 환경에 처해 있는 간호 대상자를 보호하고 돌본다.

---

6. 건강 환경 구현

간호사는 건강을 위협하는 사회적 유해환경, 재해, 생태계의 오염으로부터 간호 대상자를 보호하고, 건강한 환경을 보전·유지하는 데에 참여한다.

II. 전문가로서의 간호사 의무

7. 간호표준 준수

간호사는 모든 업무를 대한간호협회 업무 표준에 따라 수행하고 간호에 대한 판단과 행위에 책임을 진다.

8. 교육과 연구

간호사는 간호 수준의 향상과 근거 기반 실무를 위한 교육과 훈련에 참여하고, 간호 표준 개발 및 연구에 기여한다.

9. 전문적 활동

간호사는 전문가로서의 활동을 통해 간호 정책 및 관련 제도의 개선과 발전에 참여한다.

10. 정의와 신뢰의 증진

간호사는 의료자원의 분배와 간호 활동에 형평성과 공정성을 유지하여 사회의 공동선과 신뢰를 증진하는 데에 참여한다.

11. 안전한 간호 제공

간호사는 간호의 전 과정에서 인간의 존엄과 가치, 개인의 안전을 우선하여야 하며, 위험을 최소화하기 위한 조치를 취한다.

12. 건강 및 품위 유지

간호사는 자신의 건강을 보호하고 전문가로서의 긍지와 품위를 유지한다.

III. 간호사와 협력자

13. 관계윤리 준수

간호사는 의료와 관련된 전문직·산업체 종사자와 협력할 때, 간호 대상자 및 사회에 대한 윤리적 의무를 준수한다.

14. 대상자 보호

간호사는 간호 대상자의 건강과 안전이 위협받는 상황에서 적절한 조치를 취한다.

15. 생명과학기술과 존엄성 보호

간호사는 인간생명의 존엄성과 안전에 위배되는 생명과학기술을 이용한 시술로부터 간호 대상자를 보호한다.

– 출처: 대한간호협회 홈페이지(www.koreanurse.or.kr)

2) 텔레마케터

텔레마케터는 눈에 보이지 않는 구매자에게 새로운 정보를 제공, 홍보, 판매하는 사람으로 직접 고객을 대면하지 않기 때문에 보다 더 친절한 정신으로 고객을 상대하는 상냥함은 물론, 있는 그대로의 정보전달능력을 요구한다.

[텔레마케터의 윤리강령]

회원은 텔레마케팅 업무 수행에 있어서 윤리적인 사회 규범을 준수하고, 고객에게 진실되고 건전하며 가치 있는 정보를 제공한다.

회원은 고객의 사생활을 존중하며, 업무상 알게 된 개인정보를 당사자의 허락 없이 타인에게 누설하거나 다른 목적을 위해 유용하지 않는다.

회원은 고객의 사생활 보호에 관한 요구에 성실히 응해야 하며, 텔레마케팅에 관한 고객의 불만사항을 사전에 예방할 수 있도록 최선의 노력을 해야 한다.

회원은 텔레마케팅을 수행함에 있어 고객을 배려하고 고객의 기대에 부응하며 고객과 신뢰감을 이룩하여, 건전한 텔레마케팅 문화 조성에 기여한다.

회원은 사단법인 한국텔레마케팅협회의 설립 목적에 의해 이 윤리강령이 제정됐음을 인식하여 고객의 권리를 존중하고 올바른 텔레마케팅 사업을 행한다.

　　　　　　　　　　　　　　　　－ 출처: TM협회(한국컨택센터산업협회) 홈페이지(www.contactcenter.or.kr)

---

3) 미용사

미용사는 고객에게 머리 손질에 관련된 서비스를 제공하는 일을 담당하며, 매니큐어, 얼굴 관리, 화장 등 미용에 관련된 기타 서비스를 제공한다.

[미용사 윤리강령]

- 미용사는 국민의 한 사람으로서 준법정신에 투철하며 국가발전과 국민보건 향상을 위하여 헌신하여야 한다.
- 미용사는 미용문화 창달을 위하여 그 사명감에 충실하고 공중위생에 대한 실천자가 되어야 한다.
- 미용사는 미용의 전문가로서 항상 새로운 지식을 연마하여 참신한 미용기술 개발에 기여하여야 한다.
- 미용사는 미용의 공익성을 지켜야 하며 미용의 정상적인 발전을 위하여 상호 협조하고 질서 확립에 최선을 다하여야 한다.

　　　　　　　　　　　　　　　　－ 출처: 사단법인 대한미용사회중앙회 홈페이지(www.beautyassn.or.kr)

---

4) 사회복지사

사회복지사는 청소년, 노인, 여성, 가족, 장애인 등 다양한 사회적, 개인적 욕구를 가진 사람들의 문제에 대해 사정과 평가를 통해 해결을 돕고 지원하는 직업으로 타인이 필요로 하는 것을 찾아내어 이를 적극적으로 도와주고자 하는 봉사정신이 필요하다.

[사회복지사 윤리강령 전문]

사회복지사는 인본주의·평등주의 사상에 기초하여, 모든 인간의 존엄성과 가치를 존중하고 천부의 자유권과 생존권의 보장활동에 헌신한다.

특히 사회적·경제적 약자들의 편에 서서 사회 정의와 평등·자유와 민주주의 가치를 실현하는 데 앞장선다. 또한 도움을 필요로 하는 사람들의 사회적 지위와 기능을 향상시키기 위해 저들과 함께 일하며, 사회제도 개선과 관련된 제반 활동에 주도적으로 참여한다. 사회복지사는 개인의 주체성과 자기결정권을 보장하는 데 최선을 다하고, 어떠한 여건에서도 개인이 부당하게 희생되는 일이 없도록 한다. 이러한 사명을 실천하기 위하여 전문적 지식과 기술을 개발하고, 사회적 가치를 실현하는 전문가로서의 능력과 품위를 유지하기 위해 노력한다.

이에 우리는 클라이언트·동료·기관 그리고, 지역사회 및 전체사회와 관련된 사회복지사의 행위와 활동을 판단·평가하며 인도하는 윤리기준을 다음과 같이 선언하고 이를 준수할 것을 다짐한다.

– 출처: 한국사회복지사협회 홈페이지(www.welfare.net)

5) 치과기공사

치과기공사는 치아의 대체물이나 장치물을 제작·수리·가공하는 업무를 담당하는 직업을 말한다.

[치과기공사 윤리강령]

– 나는 인류의 구강보건 향상을 위하여 헌신적으로 봉사한다.

– 나는 그 직책을 수행하기 위하여 학술 연마에 끊임없이 노력한다.

– 나는 선배를 존경하고 동료와의 우의를 돈독히 하며 후배를 선도함에 힘쓴다.

– 나는 인류의 도덕양양과 문화 향상을 위하여 적극 협력한다.

– 출처: 대한치과기공사협회 홈페이지(www.kdtech.or.kr)

6) 영양사

영양사는 질병예방과 건강 증진을 위해 급식 관리 및 영양 서비스를 수행하는 전문인을 말한다.

[영양사 윤리강령 전문]

영양사는 국민건강지킴이로서 모든 사람이 건강한 삶을 누리도록 영양 서비스를 제공하는 데 헌신하고, 특히 소외된 자들의 영양 상태 개선에 노력하여 복지사회 구현에 앞장선다.

영양사는 모든 사람의 국적, 인종, 종교, 성별, 연령, 사상, 사회적 지위와 관계없이 동등한 영양 서비스를 제공하고, 국민의 건강을 수호하기 위해 어떠한 부당함이나 압력에도 굴복하지 않고 양심에 따라 정의롭게 행동한다.

영양사는 최상의 영양 서비스를 제공하기 위해 최신 지식과 기술 습득에 힘쓰고, 전문인으로서의 능력과 품위를 유지하기 위해 노력한다.

이에 우리는 개인, 가족, 집단, 지역 사회, 나아가 국가와 인류의 건강과 복지 향상에 관련된 영양사의 행위와 활동을 판단·평가하며 인도하는 윤리강령을 다음과 같이 제정하고 이를 준수할 것을 다짐한다.

– 출처: 대한영양사협회 홈페이지(www.dietitian.or.kr)

사례연구

세월호 희생자 애도

지난 16일 인천항을 출발해 제주도로 향하던 여객선 세월호가 침몰하는 사고가 발생했다. 배에는 제주도로 향하는 400여 명의 승객이 있었다. 승객 중 대다수가 수학여행을 떠나는 안산 단원고 2학년 학생들이라고 알려지면서 사람들의 마음을 더욱 아프게 했다.

침몰 당시 선장의 무책임한 행동, 침몰 원인, 실종자를 구할 수 있었던 골든타임을 놓친 원인 규명 등 아직 많은 이야기들이 있지만, 이 순간 가장 힘든 사람들은 실종된 승객들의 가족들이다. 언론들의 무분별한 보도 경쟁과 소셜네트워크서비스(SNS)로 퍼진 이야기들로 많은 이들이 혼란스러워했다.

실종자 수가 구조자 수로 바뀌길 기도했지만 지금은 사망자 수가 실종자 수를 앞질렀다. 꿈을 펼쳐보지도 못한 어린 학생들의 희생과 실종으로 대한민국 전체가 애도 분위기이며, 일시 정지된 상태다.

전 세계의 사람들도 애도와 응원을 보내고 있고, SNS에서 애도하는 그림과 글귀들이 많이 공유되고 있다. 그중 한 영상은 세월호 침몰 사건 시간부터 나열하여 사고 당시 무서움에 떨었을 학생들의 마음을 대변했다. 영상을 본 사람들은 미안한 마음과 안타까움을 동시에 느꼈다.

네티즌들은 "지켜주지 못해 미안해요. 부디 무사히 돌아오길 기도합니다." "조금만 더 힘내 주세요. 조금만 더 버텨 주세요." "차가운 바다에서 얼마나 무서울까." "무사 귀환을 바랍니다. 부모님들에게 빨리 돌아와 주세요."라며 응원의 메시지를 남겼다.

2차 세계대전 당시 전쟁터에 있는 사람들의 무사 귀환 의미로 쓰이던 노란 손수건의 이야기와 맥락을 같이한 '노란 리본 달기' 캠페인도 SNS에서 급속도로 퍼지며 화제가 됐다. 노란 리본 달기 캠페인은 노란 리본 이미지를 프로필 이미지로 변경하는 방법으로 진행되고 있다.

이 캠페인에 네티즌들은 "노란 리본 달기 캠페인, 기적이 일어나길" "노란 리본 달기 캠페인, 국민들의 간절한 바람" 등의 반응을 보였다. 전 국민은 구조되지 않은 승객들이 하루 빨리 살아 돌아오길 기도하고 있다.

— 전자신문, 2014년 4월 25일자

교육적 시사점

- 뒤늦은 후회보다는 앞서 예방하는 것이 중요하며, 그것을 위해 각자의 자리에서 근로윤리를 준수하며 책임감을 가지고 행동해야 한다.
- 직업윤리의 기본적 도의를 저버린 결과로 비극적 참사가 발생한 사례를 볼 수 있듯이 평소부터 공동체 의식과 책임 의식을 지닐 수 있는 마음가짐을 가져야 한다.

탐구활동

1. 인간의 삶에 있어서 윤리가 필요한 이유와 비교하여 각 직업별로 중시하는 윤리 기준이 필요한 이유를 작성해 보자.

2. 【사례연구】를 읽고 '세월호 참사'와 같은 사고가 발생한 이유 3가지를 작성해 보자.

   ①

   ②

   ③

학습평가

정답 및 해설 p.188

1 (   ) 안에 알맞은 말을 채워 넣으시오.

> 일을 한다는 것은 어떤 목적을 대상으로 머리나 몸을 움직여 하는 의도
> 적 행동을 가리킴을 알 수 있다. 그리고 여기에는 필연적으로 (   )와/과
> (   )(이)라는 2가지 주체가 있어야 이러한 조건이 성립된다.

2 다음 중 기업윤리를 위반한 사례에 해당하는 것은?

① 부정부패를 내부 고발하여 투명한 경영을 추구하는 A사

② 폐수 정화 처리 시설을 운영하고 있는 B공장

③ SNS를 통해 신분을 숨기고 타사 제품을 비방하는 글을 올린 C사원

④ 반경 50m 이내에 동종업 가게를 오픈하여 전단지를 돌리고 있는 D씨

3 근로윤리에 대한 설명으로 바르지 않은 것을 고르시오.

① 때로는 눈앞의 이윤을 추구하기 위해 수단과 방법을 가리지 않아야 한다.

② 근로자는 고용주가 요구하는 것들을 자신의 권리를 침해받지 않는 선에
   서 지켜야 한다.

③ 소비자에 대한 기만행위는 소비자는 물론 기업, 그 물건을 생산한 자신
   에게까지 좋지 않은 결과를 가져온다.

④ 어떤 행위가 혼자만의 이득이나 피해로 종결되지 않고 여러 사람에게 영
   향을 미치는 사회에서 일을 하는 데 더욱 엄격한 근로윤리가 필요하다.

4 다음에서 설명하고 있는 기업의 형태를 뜻하는 개념은? (　　)

> 영리기업과 비영리기업의 중간 형태로, 사회적 목적(공공성)을 우선적으로 추구하면서 재화나 서비스의 생산 및 판매 등 영업활동을 수행하는 기업이라고 할 수 있다. 이러한 기업들은 단순한 이윤 추구만을 목적으로 하지 않는다.

5 (　　) 안에 알맞은 말을 채워 넣으시오.

> 텔레마케터는 눈에 보이지 않는 구매자에게 새로운 정보를 제공, 홍보, 판매하는 사람으로 직접 고객을 대면하지 않기 때문에 보다 더 친절한 정신으로 고객을 상대하는 상냥함은 물론 (　　)의 정보전달능력을 요구한다.

대학생 시민역량 '최하위'…"나만 잘되면 돼"

OECD 국가 가운데 최하위 수준으로 알려진 우리나라 성인들의 시민성 부족이 대학에서부터 시작되는 것으로 나타났다. '나만 잘되면 돼'라는 개인주의적 사회 분위기가 반영된 것으로, 공동체 의식 함양 교육의 필요성이 제기되고 있다.

23일 한국교육개발원의 '대학생역량지수 개발 연구' 보고서에 따르면 우리나라 대학생들의 핵심 역량은 전반적으로 보통(70점 이상) 이하 수준인 것으로 나타났다.

이는 지난해 6월 전국 4년제 대학생 4,189명을 대상으로 조사한 '대학생 역량 진단조사'를 통해 학생들의 자가진단 결과를 수치화한 것으로, 특히 시민역량 부문이 61.6점(목표지수 100)으로 가장 낮은 점수를 기록했다. 이에 대해 연구책임자인 김창환 한국교육개발원 선임연구원은 "개인 중심의 성취 지향성이 우리 사회 전반을 아우르고 있기 때문"이라며 "학생들이 공부는 열심히 하지만 다른 사람과의 공동체 의식은 미흡하다."고 지적했다. 그는 이어 "다른 사람과 더불어 성장하는 상생의 중요성을 우리나라는 가르치지 않는다."며 "다른 사람과의 협력을 통해 더 나은 결과를 얻을 수 있다는 생각을 갖지 못한다."고 설명했다.

시민역량을 구성하는 공동체성, 사회참여역량, 국제적 역량 역시 17개의 소영역 가운데 낮은 점수를 기록했다. 공동체성의 경우 72.8점(8위)으로 비교적 높은 반면 사회참여역량과 국제적 역량은 각각 56.2점(14위), 55.8점(15위)을 기록해 취약한 수준으로 나타났다.

자기관리역량(63.6점)도 부족한 것으로 조사됐다. 성인으로서 스스로 신체와 정신을 관리하고 독립적으로 생활해 나가는 역량이 미흡하다는 것이다. 특히 자기관리역량의 하위 영역에 속하는 신체건강은 49.1점(16위)으로 직업수행역량(47.7점, 17위) 다음으로 가장 낮은 순위를 기록했다. 이에 대해 김 연구원은 "과거에 비해 학생들의 체격은 좋아졌지만 스마트폰의 사용으로 활동량이 떨어져 건강에 악영향을 미치고 있다."고 설명했다.

진로·직업역량(64.6점)과 학업역량(69.6점)도 보통 이하 수준을 기록했다. 진로설계를 거쳐 직업 선택을 돕는 진로교육의 부재와 입시 중심 교육의 문제점을 확인할 수 있는 결과다.

양정호 성균관대 교육학과 교수는 이 같은 결과에 대해 "학생들이 입시 중심의 빠르고 단순화된 형태의 교육에 익숙해져 의견교류를 하지 않는다."며 "체험활동이나 토론교육 등 학생들의 역량을 강화할 수 있는 다양한 교육프로그램이 필요할 것"이라고 덧붙였다.

– 모두다인재, 2015년 1월 23일자

Tip

직업을 선택하는 새로운 기준

입시의 계절이다. 지난주 수능시험이 있었고 앞으로 수시 2차와 정시 입시가 남아 있다. 필자의 학교도 지난주 수시를 치렀다. 수시 선발은 학생들의 기본적인 학습 역량과 잠재력에 비중을 두기 때문에 학생들이 쌓아온 관심과 경험, 능력에 대한 평가를 중심으로 이루어진다. 전형 방법이 이렇기 때문에 과거에 비해 학생들은 고교 시절 학내외 활동과 봉사, 사회 참여 활동을 늘려가면서 자신의 능력과 열망을 실현시킬 수 있는 진로를 다양하게 모색하고 있는 듯하다.

그러나 아직 많은 학생들은 졸업 후 진로에 관해 피상적이거나 편협한 사고에 갇혀 있고 자기 탐색보다는 부모의 희망을 수용하는 수준에 머물러 있다. 자기소개서의 희망 진로에서 '광고기획자'와 '공무원'이 나란히 기재되어 있는 것이나, 점점 더 많은 학생들이 '공무원'을 희망 직업으로 적는 것이 그 예이다. 일반화시키기는 어렵지만, 창의적이고 개성이 뚜렷한 학생들이 광고기획에 적합하다면, 공무원은 성실하고 조직의 규율을 잘 따를 수 있는 사람에게 추천할 만한 직업이다. 그런데 광고기획이나 영화감독, PD가 되고 싶은 학생이 공무원이란 직업을 함께 쓴 데에는, 또 최근 공무원을 희망하는 학생들이 늘어난 데에는 이유가 있을 것이다. 갈수록 불안정해지는 노동시장에서 고용안정성이야말로 개인의 소질이나 관심, 능력, 의지보다 훨씬 더 강력한 직업 선택의 동기가 되기 때문이다. 많은 학생들은 부모님의 추천에 따라 공무원을 희망하게 되었다고 이야기하고, 아마도 그들의 부모님들은 길어지는 노후와 불안정한 고용상황 속에서 적은 임금이나마 가족을 꾸리고 안정적으로 살아가기에는 공무원만한 직업이 없다고 생각했을 것이다.

이런 선택이 학생들의 미래에 얼마나 도움이 될 수 있을까? 노동시장의 변화를 연구 영역의 하나로 삼고 있는 필자로선, 생각을 바꿔 보시라는 말씀을 드리고 싶다. 전 세계적으로 볼 때, 각국은 차이는 있지만, 앞으로 노동시장의 유동성(Flexibility)이 훨씬 더 커지리라는 것이 학자들의 전망이다. 시장의 상황에 따라 기업이 종업원을 더 쉽게 고용하고 방출하게 되리라는 예측이다. 따라서 서구사회에서 '평생직장'보다는 '평생직업'이 중요해진 것은 오래전의 일이며, 앞으로는 '취업능력(Employability)', 즉 어떤 직장이나 직무든 취업이 될 수 있는 능력이 중요해질 것이다. 지식정보사회에서 고용계약은 '한 우물을 파라'는 과거의 메시지처럼 근로자의 충성과 기업의 보호라는 충성계약에서 직장 이동과 재협상, 갱신을 계속해야 하는 불연속적인 것으로 바뀌고 있다. 따라서 노동시장을 이동해 가며 새로운 일자리를 구해야 하는 근로자들에게 고정된 학벌보다는 직업적 능력과 경력이 중요해지며 다기능 전문가(Multi-skilled Specialists)가 될 것이 요구된다.

이에 따라 경력 패러다임도 변화하고 있다. 설리번은 노동시장에서 개인들의 경력 유형이 '전통적', '임시적'인 것에서 '자기주도적', '자기설계적'인 것으로 바뀌어갈 것이라고 예견한다. 일생 동안 한 기업에서 근속하는 전통형과 일자리가 있는 곳이면 어디든 취업하는 임시적 유형이 줄어들고, 전문성과 자기만족을 중요시하는 자기주도적인 유형과 노동시장에서 이동이 유리한 역량과 높은 전문성을 가지고 비교적 자유롭게 직장을 이동해가는 자기설계적 유형이 늘어날 것이라는 지적이다. 이러한 변화는 근로자에게 유리한 것도, 근로자들이 원하는 것도 아니다. 신자유주의 경제 내 노동시장의 흐름일 뿐이다.

한국노동시장에서도 불안정성과 '이동'은 더욱 확대될 수밖에 없다. 그렇다면 학생들은 진로를 어떻게 준비해야 할까? 여기서 중요한 것이 '이전 가능한 역량'과 '내적 가치'이다. 다양한 역량을 키우고 스스로 만족할 수 있는 직업을 선택해야 한다는 것이다. 전통적인 직업으로 도피하는 대신, 노동시장의 변화에 맞설 수 있는 역량과 자존감이 필요한 시대다.

– 강원도민일보, 2014년 11월 17일자

제2절 바람직한 직업의식

■ 근면한 태도

1) 근면한 태도의 필요성

- 미래는 일하는 사람의 것이다. 권력과 명예도 일하는 사람에게 주어진다. 게으름뱅이의 손에 누가 권력이나 명예를 안겨 줄까. - 칼 힐티
- 백 권의 책에 쓰인 말보다 한 가지 성실한 마음이 더 크게 사람을 움직인다. - B. 프랭클린
- 나의 성공은 근면에 있었다. 나는 일생 동안 단 한 조각의 빵조차 결코 거저 먹지 않았다. - N. 웹스터
- 나의 성공은 어느 때이건 반드시 15분 전에 도착한 덕분이다. - H. 넬슨

위의 명언들은 인간이 살아감에 있어서 갖추어야 할 '근면'의 가치에 대한 중요성을 말하고 있다. 기업에서 사람을 선발할 때 가장 흔히 쓰는 말이 '근면 성실'한 인재를 뽑는다는 표현일 것이다. 고등학교나 대학교를 돌이켜봐도 학교의 교훈으로 쓰였던 대표적인 단어 역시 '근면'이다. 근면(勤勉)이란 원래 한자어의 의미에서 유래하듯 '마음을 쏟아서 애쓴다'는 뜻이다. 하나의 일을 함에 있어서 허투루 시간만 때우려고 하는 것이 아니라 온 정성과 마음을 다해 노력한다는 것이다. 특히 근면은 어린 시절의 습관에서부터 이어온 것이 크다. 근면의 가치와 중요성을 이론적으로 가르치기는 쉬우나 이를 행동으로 옮기는 것은 어렵고 이를 일상생활 전반에서 일관적으로 나타나게 하는 것은 더욱 어렵다.

회사 측에서 봤을 때 신입사원들이 가진 능력의 차이는 대동소이하다. 특별하게 뛰어난 사람이 없는 이상 입사 초기에 그들의 능력을 판단하는 기준은 태도일 것이다. 업무를 수행할 때 누가 더 오래 집중하여 고민하고 더 알아보며 그것을 통해 무엇을 얼마나 정확하게 하는지가 중요한 것이다. 따라서 결과보다는 과정이 중시된다. 이러한 태도를 단적으로 나타내는 단어가 바로 근면이다. 다음의 사례를 한번 살펴보자.

사례 ❶

> 직장인 A씨는 일에 대한 집중도가 상당히 뛰어나서 남보다 빠른 시간 내에 좋
> 은 아이디어를 내고 높은 성과도 거둔다. 그러나 자기중심적으로 행동하고 시
> 간을 잘 지키지 않는다. 출퇴근 시간도 자신이 임의대로 하기 때문에 팀 분위
> 기를 해친다는 평가를 받는다.

만일 A씨가 여러분의 회사동료라면 어떨까? 물론 그가 갖고 있는 뛰어난 집
중력, 기획력 등은 배워 마땅할 것이다. 그러나 A씨 같은 동료와 장기적으로
일을 한다면 어떨까? 아마 팀 분위기를 해친다는 이유로 A씨는 가장 먼저 팀
에서 방출되거나 혹은 동료들에게 함께 하고 싶지 않은 이로 꼽힐 것이다. 여
기에서 바로 근면의 중요성이 드러난다. 근면이란 것은 일상생활에서 가장 잘
드러나는 행동거지로 그 사람의 됨됨이를 평가하는 가장 핵심 요소인 것이다.
다음에서 제시하는 생활 태도를 살펴보고, 만약 이를 앞으로의 사회생활에서
당연히 지켜야 할 것, 혹은 마땅히 따라야할 것이라고 생각하지 않는다면 다
시 한번 자신의 마음가짐을 확인할 필요가 있다.

- 출근 시간을 반드시 지킨다.
- 업무 시간에는 업무에 집중할 뿐 개인적인 일을 보지 않는다.
- 일이 남아 있으면 퇴근시간이 지나도 마무리하고 간다.
- 항상 배우는 자세로 일을 열심히 한다.
- 술자리에서 적당히 자제할 수 있도록 하며, 다음날 일과에 지장을 주지
  않도록 한다.
- 직장생활에 지장이 없도록 건강 관리에 신경을 쓴다.
- 오늘 할 일을 내일로 미루지 않는다.
- 주어진 시간 내에서 최선을 다한다.

근면을 보여주는 대표적인 사례로 흔히 새마을 운동을 꼽는다. '할 수 있다'라
는 가치 아래 '근면, 자조, 협동'이라는 기본 이념을 통해 어려움에서 벗어나
잘 살고자 하는 적극적인 의지와 실천으로 성공을 달성한 대표적 사례이다.
중앙공무원교육원의 〈새마을 운동 사례 연구〉(2013)에 따르면 당시 내무부에
서 만든 〈새마을 운동 10년사〉에는 새마을 운동의 정신에 대하여 다음과 같

이 기록하고 있다.

"새마을 정신은 무엇보다도 하늘이 돕거나 누군가 외부에서 도와줄 것을 기다릴 것이 아니라 우리 문제를 우리가 스스로 해결하자는 것이다. 하늘은 스스로 돕는 사람을 돕는다는 자조의 정신이다. 자연을 탓하지 말고, 하늘에서 비가 오기를 기다리지만 말고 수로를 만들고 우물을 파서 천수답을 수리안전답으로 바꾸어 전천후 농업을 하자는 것이다.

스스로 힘으로 일어서려면 어떻게 해야 하는가? 우선 부지런해야 한다. 게으름과 나태를 극복해야 한다. 빗물이 바위도 뚫듯이 부단히 노력하면 못할 일이 없게 된다. 이 점에서 근면은 일찌감치 체념하고 게으름을 피우는 소극적인 자세나 요행을 바라는 도박이나 일확천금의 허황된 꿈을 버리고 한 걸음 한 걸음 성실한 노동윤리를 강조한 것이라 볼 수 있다.

한 사람 한 사람은 어렵고 약해서 할 수 없는 일도 많지만 여럿이 힘을 합하면 혼자서는 할 수 없는 일도 할 수 있게 된다. 백짓장도 맞들면 낫다는 속담처럼 협동을 통해서 어려움을 문제를 해결하자는 것이다. 협동은 마을단위로 이웃과 공동사업을 함으로써 일의 능률을 기하고 유대감을 높이려는 것이다. 혼자서 할 수 없는 일을 포기할 것이 아니라 이웃과 협력함으로써 해결하도록 하고 공동체정신을 기르자는 것이다 …." (《새마을 운동 10년사》, 내무부, 1980, 102)

여기에서 두 번째 단락에 보이는 '빗물이 바위도 뚫듯이 부단히 노력'하는 자세가 바로 근면인 것이다. 근면이라고 하는 것은 자연적으로 나오는 것이 아니라 습관화된 후천적 덕목이요, 근면이 주는 의미와 가치를 알고 끝없이 노력해야 하는 태도에서 비롯된 것이다.

2) 근면의 2가지 종류

근면은 게으르지 않고 부지런한 것이다. 근면한 행동을 하게 되는 동기는 크게 2가지로 나눌 수가 있다. 외부에 의해서 강압적으로 행해지는 근면과 스스로 자발적 동기에 의한 근면, 바로 이 2가지이다. 겉으로 보았을 때 열심히 땀을 흘리며 일한다는 측면과 그 결과가 좋게 나온다는 측면에서 이 2가지는 차이점이 없을 수도 있다. 그러나 지속적인 측면에서, 그리고 자기 스스로 행복함을 느끼는 데 있어서는 큰 차이가 있다. 이를 단적으로 '노예'와 '주인'으로 비교해 보자. 노예는 열심히 일을 한다. 그러나 무엇을 위해 일을 할까? 주인에게 혼나지 않기 위해서, 혹은 하루하루 버틸 양식을 얻기 위해서 마지못해 일한다. 그렇기 때문에 노예의 얼굴에서는 웃음과 만족감을 찾을 수가 없다. 자발적으로 자신을 위해서 하는 일이 아니기 때문이다. 그러나 주인은 다르다. 스스로의 필요에 의해서 자신이 하고자 하는 대로 행동을 하고 그 결과 스스로 만족감과 행복감을 느끼기 때문이다.

직장생활도 마찬가지이다. 여러분이 앞으로 다닐 회사가 내가 다니고 싶어서 다니는 회사가 아니라 먹고살기 위해서 혹은 주변의 강압에 의해서 다니는 회사라면 과연 즐거울까? 아침에 일어나는 일부터 회사에서 사람을 만나는 일에 이르기까지 마지못해 할 수밖에 없고, 오직 퇴근 시간만 바라보는 이들에게 과연 행복이 있을 수 있을까?

2014년 한국경영자총협회에서 전국 405개 기업을 대상으로 '2014년 신입사원 채용실태 조사'를 실시한 결과 대졸 신입사원의 1년 내 퇴사율이 25.2%에 이르는 것을 나타났다. 이는 2010년 조사(15.7%) 대비 9.5%, 2012년 조사(23.6%) 대비 1.6% 상승한 것으로 지속적으로 퇴사율 추세가 지속되고 있음을 보여주는 것이다. 특히 중소기업 대졸 신입사원의 1년 내 퇴사율(31.6%)이 대기업(11.3%)보다 월등히 높게 나타난 것으로 보아 낮은 임금 수준 등 중소기업의 상대적으로 열악한 근로조건이 주로 기인하는 것으로 추정된다. 그 외에 '조직 및 직무 적응 실패'(47.6%)가 가장 높았으며, '급여 및 복리후생 불만'(24.2%), '근무지역 및 근무환경에 대한 불만'(17.3%)도 상당히 높은 수치인 것으로 나타났다.

대학을 선택할 때 여러분은 상당히 신중했을 것이다. '과연 이 대학과 내가 맞을 것인가?' 혹은 '내가 진정으로 하고 싶은 것인가?', '이 전공을 선택 후 내가 좋은 직장 또는 직업을 선택할 수 있을 것인가?' 등 많은 고민을 했을 것이다. 첫 직장도 마찬가지이다. 여러분이 선택한 첫 직장은 이력서 가장 윗줄에 기입되고 다른 기업으로 이직하는 순간에도 상당히 중요한 역할을 차지하게 된다. 여러분이 학교를 다니면서 배워왔던 것과 함께 성인으로서의 첫 판단, 그리고 사회경험으로서의 첫 시작을 드러내 주는 것이 첫 직장이기 때문이다. 한편으로는 지금과 같이 심각한 취업난 속에서 신중하게 직장을 고르라고 하는 것은 불가능하게 여겨질 수도 있다. 마치 배가 고플 때 천천히, 꼭꼭 씹어 먹으라는 말이 잘 들리지 않는 것처럼 말이다.

그러나 시작은 처음이기 때문에 중요하다. 여러분이 길을 찾을 때 잘못된 길에 접어들면 어떠한 상황이 발생하겠는가? 자신이 가고자 하는 길이 아니기 때문에 당황할 수도 있고, 제대로 된 길을 찾기 위해 다시 왔던 길을 되돌아가는 수고를 겪어야 한다. 다시 출발점으로 온 후에는 올바른 방향을 찾아야 하고 그로 인해 좀 더 늦게 가야 한다.

첫 직장도 마찬가지이다. 급하다고 해서 아무 직장이나 선택했을 때 앞에서 언급한 것처럼 적응하기란 좀처럼 쉽지 않을 것이다. 직장을 다니는 보람도 느끼지 못하고, 과연 이 길이 옳은 길인지, 다른 길은 없는 것인지 정신적인 방황을 겪게 될 수도 있다. 그리고 결국 버티다 못해 그만두고 다른 직장을 구하더라도 다시 한번 첫 직장과 비슷한 이유로 이직 또는 전직을 하게 된다.

혹시 장밋빛 미래를 꿈꾸며 '직장에 들어가면 어떻게든 되겠지'라는 생각을 하고 있는가? 혹시 여러분은 스스로 노예가 되기를 선택하고 있지는 않은지 생각해볼 필요가 있다. 노예가 될지 주인이 될지의 선택권은 여러분에게 달려 있다.

이를 통해 우리에게 필요한 것은 나의 주체적 선택에 의한 직장 선택과 직장생활 내에서의 적극적이고 능동적 자세, 즉 근면인 것을 알 수 있다.

2 정직한 행동

1) 정직한 태도의 의미와 필요성

정직은 인간관계에서 가장 기본이 되는 덕목임과 동시에 자칫하면 쉽게 범할 수 있는 덕목이다. 가장 친했던 친구가 했던 말들이 모두 거짓임을 알게 되었다고 가정해 보자. 이름, 나이는 물론 사는 곳, 관심사, 그간에 오간 수없이 많은 대화가 모두 거짓이었다고 했을 때 어떤 감정이 들까? 처음에는 어이가 없을 수도 있다. 그리고 함께 보내 왔던 시간과 추억이 거짓이라는 생각에 배신감마저 들 것이다. 더불어 후회와 함께 앞으로 다른 사람들을 만날 때도 진정으로 믿지 못하고 겉으로만 친한 척하는 형식적인 관계로만 지낼 수도 있다. 우리는 거짓말의 정도, 즉 양심의 가책을 느끼는 정도에 따라 거짓말을 대수롭지 않게 여기기도 한다. '이 정도쯤이야', '누가 피해 보는 것도 아닌데', '이번만 넘어가자' 등 거짓말은 대표적인 합리화 방식의 하나이다. 혹은 누군가로부터 질책받고 싶지 않아서, 꾸지람을 피하기 위해서 거짓말을 하기도 한다. 시험 성적이 좋지 않을 경우에 성적표가 나오지 않았다는 핑계를 대기도 하고 간혹 시험지 점수를 바꾸어 부모님께 보여드리기도 한다. 이렇듯 거짓말은 우리의 일상생활 어디에서라도 일어날 수 있는 상황인 것이다.

만약 이 세상이 거짓으로 만연한 세상이라면 어떨까? 신호등은 붉은색이면 멈추고, 파란색이면 가도 된다는 약속된 신호이다. 그러나 정직이 없는 세상에서는 신호등이 파란색이라도 안심하고 건널 수는 없을 것이다. 자신의 정직과는 무관하게 운전자는 편의상 신호등을 지키지 않을 수도 있기 때문이다. 대형 상점에서 물건을 살 때 최저가라고 붙여진 가격표는 믿을 수 있을까? 지금 내가 사는 물건의 생산지가 쓰여있는 대로 'Made in Korea'가 맞기는 한 것일까? 정말 농약을 쓰지 않은 유기농 과일이라고 해서 그대로 먹을 수 있을까? 3년간 A/S를 철저히 보장해 준다고 했는데 고장나면 정말로 고쳐 줄까?

다음의 사례를 살펴보자.

사례 ❷

> 직장인 B씨는 회사에서 영업을 담당하고 있다. 맡은 직무가 영업이다보니 항상 외근을 다니기 일쑤이다. 어느 날 외근을 다녀온 B씨의 이마에 땀이 맺힌 것을 보고 신입사원 K씨는 B씨에게 시원한 아이스커피를 타서 한 잔 드려야겠다고 생각했다. 커피를 타서 들고 가던 K씨는 우연히 B씨의 전화통화 내용을 듣고 말았다. "오늘 갔던 ○○사우나 괜찮았지?" B씨가 외근을 다녀온다고 하고 사우나에 다녀온 것을 알게 된 K씨는 자기 자리로 그대로 돌아가 앉았다.

앞에서 본 사례에서 B씨는 회사 근무시간, 즉 일을 해야 하는 시간에 개인적으로 사우나에서 시간을 보내고 왔다. B씨는 영업을 담당하고 있기 때문에 상대적으로 개인적 일과를 자유롭게 조정해서 보낼 수 있다. 고객을 만난다거나 관련 미팅을 진행하는 등 외부 일이 많기 때문이다. 그렇지만 앞에서 본 것과 같이 업무에 보내야 하는 시간을 개인적인 일에 보냈다고 하는 것은 정직하지 못한, 즉 거짓된 행동을 한 것이다.

다음은 직장 내에서 정직과 관련된 생활 태도이다. 해당 내용을 읽어 보고 반드시 지켜야 할 것들이라고 생각하는지, 혹은 '한 번쯤 어겨도 어때'라는 생각을 갖고 있는지 살펴보고, 만약 후자라면 다시 한번 스스로를 반성해 보자.

- 사적인 일에 회사 전화를 쓰지 않는다.
- 중장기적인 시야에서 사적인 이득보다 옳은 일을 한다.
- 일과 시간에 거짓말을 하고 사적인 용무를 보지 않는다.
- 실수를 하였을 때 덮어 두지 않고 정직하게 밝힌 후 이에 따른 조치를 한다.
- 부정직에 타협하지 않고 눈감아 주지 않는다.
- 부정직한 관행을 인정하지 않고 고치도록 노력한다.
- 매출 실적을 올리기 위해 상대방에게 커미션을 주지 않는다.
- '남들도 하는 것이다'라고 하여 나 역시 부정직한 관행을 따르지 않는다.

최근 한 대학에서는 정직이라는 덕목을 갖춘 학생, 양심을 갖춘 학생을 일상생활에서도 키우기 위해서 '무감독 시험'이라는 제도를 도입하였다고 한다. 이 제도는 시험 시 감독관이 들어오지 않고 학생 스스로의 양심에 따라 시험을 치름으로써 학생들이 정직성과 도덕성을 함양하고, 소속 대학에 대한 자긍심까지 배양할 수 있도록 하는 것이다. 물론 이 같은 제도가 시험에 참여하는 학생은 물론 제도적으로 안정화된다면 구성원 간의 신뢰는 물론이고 대학이 정직성을 갖춘 인재를 키운다는 측면에서 상당히 긍정적인 효과를 가져올 것이다.

그러나 개인적 판단, 양심에 맡긴다는 것은 긍정적인 측면과 함께 부정적인 측면을 내포하고 있다. 개인의 보이지 않는 내면에 맡기기 때문에 이를 객관적으로 판단할 수 없는 것이다. 또한, 부정행위를 한 학생이 이를 부인할 경우 그 학생을 처벌할 수가 없다. 왜냐하면 개인에 대한 믿음을 전제로 했기 때문에 그에 대한 결과 역시 개인이 감당해야 하기 때문이다. 실제로 이러한 제도를 반대하는 학생들은 부정행위로 인한 시험의 공정성 훼손, 시험장 분위기의 어수선함으로 인한 집중도 저하, 학생들이 서로를 감시한다는 좋지 않은 분위기 등을 이유로 반대하고 있다.

이렇듯 개인의 양심에 맡겨 진행한다는 것, 그리고 그 결과를 그대로 받아들인다는 것은 정직이란 가치가 안정화되어 있지 않으면 이상적인 꿈에 불과한 것이다.

직장에 들어가기 위해서 가장 먼저 작성해야 할 것이 있다. 바로 '자기소개서'와 '이력서'이다. 지금까지 내가 어떻게 살았는지, 내가 보유한 능력을 갖추기 위해 어떤 노력을 기울였는지, 내가 중요시 여기는 가치는 무엇인지, 내가 왜 이 회사에 들어가야 하는지를 있는 그대로 적어야 한다. 처음에 자기소개서의 항목을 적을 때는 막연한 기분이 들기도 하고 도대체 대학생활 내내 무엇을 하면서 보냈나 하는 후회가 들기도 한다. 어떻게 하면 자신이 인사 담당자에게 매력적으로 보일 수 있는지에 대해서 한참을 고민해보지만 몇 글자 쓰기도 힘들다. 온갖 미사여구와 아름다운 말로 포장하지만 정작 무슨 의도로 표현했는지는 자신조차도 잘 이해하기가 힘들다. 그렇다면 '포장된' 자기소개서를 통해 인사 담당자는 지원자를 완벽하게 평가할 수 있을까? 답은 'No'이다.

자기소개서는 지원자의 손에 의해서 쓰여진 글이다. 그렇기 때문에 자기소개서 가장 하단에 '위 상기 내용이 거짓이 아님을 증명합니다'라는 문장에 의해 지원자에게 진실만을 적었는지를 재확인한다. 또한, 자기소개서에서 요구하는 몇 가지 항목만으로 지원자의 인생 전반을 확인할 수도 없다. 수천 개의 자기소개서를 읽는 인사 담당자도 그 내용을 전부 사실이라고는 믿지는 않을 것이다. 그렇기 때문에 '면접'이라는 단계를 거쳐서 지원자의 됨됨이와 진실성을 판단하는 절차를 거치는 것이다.

서류 전형과 면접 전형을 성공적으로 통과하여 입사한 신입사원에게 요구하는 것도 앞선 과정을 통해 드러난 그 사람의 진실됨이다.
회사에 입사한 이후 전과는 달리 처음 만나는 사람도 많고 자신이 속한 회사의 상품을 팔기 위해, 혹은 새로운 사업을 수주하기 위해 다양한 미팅을 진행한다. 이때 반드시 필요한 것이 바로 정직이라는 덕목이다. 물론 처음 만나는 사람과 곧바로 무엇인가를 시작하는 경우는 거의 없다. 상대방이 하는 말이 진실인지, 그 회사가 실제로 그러한 상품을 갖고 있고 타 회사에 비해서 좋은지 검증하는 작업을 거치는 것이다. 이후 진실을 바탕으로 한 믿음이 형성되면 본 사업이 진행된다. 물론 이 과정에서 모든 것을 제대로 판별할 수 있으면 별 문제가 없겠지만 앞에서의 검증 과정 이후에도 지속적으로 해당 내용을 확인하여 단계별로 진행하는 순서를 거쳐야만 한다.

이렇듯 아주 어린 시절부터 익히 들어온 정직이란 가치는 가정은 물론 학교, 사회에서 더욱 필요한 가치 덕목이다. 더군다나 회사라는 조직은 구성원의 말 하나, 행동 하나가 이윤과 연결되어 있기 때문에 더 철저한 사실 확인이라는 절차를 거친다. 친구 사이에 장난삼아 했던 거짓말 하나는 진실된 사과를 통해 해결할 수 있겠지만, 회사에서 한 하나의 거짓말은 그 회사의 존폐까지 좌지우지할 수 있기 때문에 정직은 중요한 덕목이다.

2) 정직한 행동을 위한 원칙

- 말이 있기에 사람은 짐승보다 낫다. 그러나 바르게 말하지 않으면 짐승이 그대보다 나을 것이다. - 사아디
- 너의 정직은 종교나 정책에 기초해서는 안 된다. 너의 종교와 정책이 정직에 기초해야 한다. - J. 러스킨
- 물건을 훔치지 않은 도둑은 자기를 정직하다고 생각한다. - 탈무드
- 오래가는 행복은 정직한 것에서만 발견할 수 있다. - 리히텐베르크
- 재산은 모든 것을 쉽게 만드는 것이다. 그러나 정직은 대부분의 것을 쉽게 만드는 것이다. - 콤테쎄 다이아네

위의 명언들은 우리의 삶에 있어서 정직이라는 가치의 중요성에 대해서 말해 주고 있다. 정직은 있는 그대로의 것을 말하고, 듣고, 행동하는 것이다. 어찌 보면 가장 지키기 쉬운 것이지만 인간의 욕심과 욕망 때문에 왜곡해서 바라 보고, 그 정도가 경미하다고 생각하여 어기기 쉬운 것이다. 2008년 10월, 하 버드 경영대학원 100주년 기념식에서 파우스트(Drew Faust) 하버드대 총장 은 "최근의 세계적인 금융위기를 보면서 사람들이 단지 물질적인 보상만을 삶 의 목적과 성공의 척도로 생각하는 것이 얼마나 위험한 일인지 알게 되었다." 라고 했다. 또 클라크(Kim Clark) 전 하버드 경영대학원 학장도 "모든 경영 자들에게 최고 수준의 정직이 요구되며, 하버드와 같은 대학들이 지식뿐만 아 니라 윤리관과 정직성을 학생들에게 가르쳐야 할 책임이 있다."라고 강력히 주 장했다. 이처럼 세계 경제의 위기는 정책적인 측면이나 시스템직인 요소에서 발생했을 수도 있지만, 이를 움직이는 주체인 인간에게서 나왔다는 것은 부인

할 수 없는 사실이다. 이는 단순히 돈을 버는 목적으로 계산된 행동을 하는 인간이 아니라 정직 등의 도덕성을 갖춘 인간이 필요하다는 의미로 이해할 수 있다.

2015년 한국학중앙연구원에 따르면 서울교대 이인재 교수 연구팀이 '현대 한국 청소년 윤리의식 조사' 연구용역 의뢰로 조사한 청소년 인식 실태에 따르면 19개의 윤리 덕목에 대한 청소년들의 인식이 평균 3.72점(5점 만점)으로 보통 수준을 약간 웃도는 것으로 나타났다. 전체 덕목 중 가장 낮은 점수를 받은 항목은 '절제'로 3.13점에 그쳤으며 '성실(3.36점)', '통일 의지(3.42점)', '정직(3.57점)' 등도 하위권에 속했다. 반면 가장 높은 점수를 받은 덕목은 '생명존중(4.22점)'이었고, '평화(4.02점)', '예절(4.00점)', '자연애(3.97점)', '애국심(3.89점)' 등이 뒤를 이었다. 이는 일상생활에서 요구되는 덕목은 오히려 낮은 반면에 머릿속으로 그리는 가치에 대한 인식은 높은 편이라는 것을 의미하며, 평상시 요구되는 도덕적 가치에 대해 청소년들이 어떤 생각을 하고 있는지 알 수 있다.

그렇다면 정직의 가치를 실현하기 위해서 우리는 어떠한 노력을 기울여야 하는 것일까?

첫째, 정직하기 위한 출발점은 반성이다. 정직의 의미와 중요성에 대해서 모르는 사람은 거의 없을 것이다. 그러나 이를 일상생활에서 자연스럽게 배어들도록 하기 위해서는 내가 하는 말과 행동이 진정으로 있는 그대로의 행동인지, 욕심이나 욕망에서 비롯된 거짓된 행동인지 반성해볼 필요가 있다. 특히 나에게는 관대한데 남한테는 엄격하지 않은지에 대한 스스로의 반성이 필요하다.

둘째, 정직을 두려워하지 말아야 한다. 다른 사람은 눈감고 넘어가는 일을 자신이 말하고자 할 때에는 분명 용기가 필요하다. 내가 과연 이런 말을 해도 될 것인가? 내가 이런 말을 할 자격이 있을 것인가? 이로 인한 피해는 없을까? 등 다양한 고민들이 정직하고자 하는 자신의 행동에 장애물로 작용할 수 있다. 물론 때로는 정직으로 인해 불이익을 당할 수도 있다. 그러나 정직한 사람에게는 분명 또 다른 기회가 찾아온다.

셋째, 정직은 습관이다. 정직의 중요성과 의미를 모르는 사람들은 거의 없을 것이다. 이론적으로 알기만 하고 행동으로 옮기지 않는 지식은 죽은 지식이나 마찬가지이다. 정직의 중요성과 의미를 알고 있다면 이를 스스로의 일상생활에 비추어 반성해 보려는 노력이 필요하다. 어린 시절에 일기를 쓰면서 하루를 반성했듯이 오늘 했던 말과 행동 중 거짓된 것은 없었는지, 혹은 거짓이라고 스스로 생각조차 못하고 있는지 생각해 볼 필요가 있다. 그리고 의식적으로 이를 고치려고 노력해야 한다. 하나하나의 말과 행동이 쌓여 그 사람의 인격을 만들듯 정직을 몸에 배게 하기 위해서는 의식적인 습관과 노력이 필요하다. 정직함이 몸에 배인 사람은 조급하거나 초조해 하지 않고 가식적이지 않다. 숨길 것이 없기 때문이다. 정직함으로 자신의 삶을 올바른 방향으로 이끌 수 있다는 생각과 자신감으로 보다 당당하게 행동해야 한다.

③ 성실한 자세

1) 성실의 의미와 중요성

'신의 성실(誠實)의 원칙'이라는 말을 들어본 적이 있는가? 이는 상대방의 이익을 고려하여 형평성에 어긋나거나 신의를 저버리는 내용 또는 방법으로 권리를 행사하거나 의무를 이행하여서는 안 된다는 추상적인 규범으로 이를 구체적 법률 관계에 적용함에 있어서는 모든 구체적인 상황을 고려하여 그 적용 여부를 결정하여야 한다는 뜻이다.

즉, 모든 사람은 사회의 일원으로서 상대편의 신뢰에 어긋나지 아니하도록 성의있게 행동해야 한다는 뜻이며, 상호 간에 믿음을 전제로 상호 간에 지켜야 할 행동을 최대한 성의 있게 해야 한다는 의미인 것이다.

성(誠)의 어원을 살펴보면 말한(言) 바를 반드시 이루도록(成) 정성을 다한다는 것이며, 실(實)은 이를 행동으로 옮기는 것을 말한다. 즉, 자신이 할 수 있는 최선의 노력을 다하여 생각과 행동을 다함을 성실로 이해하면 된다. 이는 결과론적 측면보다는 과정에 중점을 두었다고 할 수 있다. 예를 들어 자신이 할 수 있는 최선의 노력을 다해 시험을 대비하고 공부하여 시험을 보았을 때

결과가 안 좋을 수도 있다. 하지만 시험 성적을 떠나 최선을 다했기 때문에 성실의 측면에서 보면 그 행동은 좋은 것이며 자신의 목표를 향해서 꾸준히, 그리고 열심히 실천하였다면 이미 성실한 사람으로 볼 수 있는 것이다.

사회에서 일을 한다는 것 역시 마찬가지이다. 사용자와 근로자 사이에는 특별한 계약이 없더라도 각자의 정해진 역할에 따라 해야 할 행동에 성실히 임해야 한다. 사용자는 근로자에게 과업수행을 대가로 약속된 보수를 지급해야 하며, 근로자의 안전을 배려하는 의무에 최선을 다해야 한다. 근로자는 상호 간에 약속된 노동을 제공해야 하며 자신의 안전에 위해를 받지 않는 선에서 지시에 대한 복종의 의무를 갖게 되는 것이다. 일을 한다는 것은 곧 사용자와 근로자가 관계를 맺게 된다는 뜻이요, 상호 간 특정한 역할을 수행할 것이라는 기대를 가진다는 것이다. 만약 서로에게 가졌던 기대감을 충족시키지 못한다면 그러한 관계는 깨질 것이다. 그렇기 때문에 약속을 충실히 지킬 수 있는 인재, 성실함을 갖춘 인재를 찾는 것이다.

직장인들이 갖추어야 할 능력은 기획력, 창의력, 기술력 등 해당 분야에 따라 다양하다. 그러나 이 모두를 발휘할 수 있는 전제 기반은 성실함이다. 다른 곳에 누군가를 추천할 때 "그 사람 어때?"라는 물음에 "성실해."라고 답했을 때 이는 그 사람의 끈기와 충실함을 대변함은 물론 인성적으로 된 사람이라는 표현이다. 즉, 성실하다는 것은 기본에 충실하고 원칙에 충실하며 열정적·적극적이고 최선을 다하는 사람이라는 것을 의미한다. 어떤 기업에서 이런 사람을 마다하겠는가?

애플의 공동 창립자로 유명한 스티브 잡스의 일화를 그린 영화 〈잡스〉에는 다음과 같은 일화가 나온다. 스티브 잡스가 컴퓨터 내부의 부품 배치를 보고 과도하게 꼼꼼할 정도로 확인을 하자 이에 화가 난 개발자가 다음과 같이 말한다. "누가 PC보드 모양까지 신경씁니까? 가장 중요한 것은 얼마나 잘 작동하는가이지, 아무도 PC보드를 꺼내 보지 않는다고요." 이에 스티브 잡스는 이렇게 말한다. "내가 봅니다. 비록 케이스 안에 있다고 할지라도 나는 그것이 가능한 한 아름다워야 한다고 생각합니다. 위대한 목수는 아무도 보지 않는다 해서 장롱 뒷면에 형편없는 나무를 쓰지 않습니다."

"농담으로라도 거짓말을 하지 말라. 꿈속에서라도 성실을 잃었거든 뼈저리게 뉘우쳐라. 죽더라도 거짓이 있어서는 안 된다."라는 명언을 남긴 도산 안창호 선생에게는 다음과 같은 일화가 있다. 그는 1902년 24세의 나이로 미국 유학을 떠나 학비와 활동비를 조달하기 위해서 아르바이트를 한 적이 있다. 한 미국인 가정에서 1시간에 1달러를 받기로 하고 청소를 하기로 했는데 그는 눈에 보이지 않는 곳까지 꼼꼼히 청소했다. 베란다에서 땀을 흘리며 열심히 일하던 그의 모습을 내려다보던 집주인이 감동을 받아 안창호 선생에게 다가와 "당신은 도대체 어느 나라 사람입니까? 라고 물었다. 그리고 처음에 약속한 시간당 1달러에 50센트를 더해 임금을 주었으며, "당신은 청소부가 아니라 진정한 신사입니다."라는 말을 했다고 한다.

성실은 남을 위해서, 남에게 좋게 평가받기 위해서, 혹은 무엇인가를 바라고 하는 것이 아니다. 내 마음에, 내 스스로 세운 기준에 도달하기 위해 스스로 최선의 노력을 다하는 것이다.

2) 성실하기 위한 원칙

어떤 사람을 성실하다고 판단할 때 한순간만을 보고 성실하다는 표현을 하지는 않는다. '성실하다'는 평을 받는나는 것은 그 나름의 과정에서 최선의 노력을 다해 살아왔다는 것이며 그 과정은 물론 현재의 모습, 결과까지도 꾸준한 노력을 기울여왔다는 것이다. 이렇듯 성실함은 과정이요, 동시에 결과이면서 현재 진행형인 평가인 것이다. 그렇다면 성실하기 위해서 필요한 것은 무엇일까?

첫째, 꾸준함이다. 1만 시간의 법칙을 들어본 적이 있는가? 이는 〈워싱턴포스트〉지의 기자 출신인 맥컴 글래드웰이 2009년에 발표한 저서 《아웃라이더》에서 소개한 개념으로 글래드웰은 이 책에서 빌 게이츠, 비틀즈, 모차르트 등 시대를 대표하는 천재들을 소개하면서 '1만 시간의 법칙'을 언급했다. 자신의 분야에서 최고의 자리에 오르기 위해서는 선천적인 재능 대신 1만 시간 동안의 꾸준한 노력, 즉 하루 3시간, 1주일에 20시간씩 총 10년 동안의 노력하는 시간이 필요하다는 것이다. 어느 하나를 호기심이나 일시적인 충동으로 해 볼 수는 있다. 그러나 전문가가 되기 위해서는 그 이상의 노력과 끈기가 필요한 것이다.

둘째, 포기하지 않음이다. 사람은 이성적인 측면과 감성적인 측면을 동시에 갖고 있는 존재이다. 아무리 이성적으로 필요성을 느낀다고 하더라도 몸이 피곤하다든지 개인적인 일이 생긴다든지 혹은 정말 아무 이유도 없이 하기 싫을 때가 있을 것이다. 그러나 이것을 이겨내지 못하면 다시 하고 싶지 않아지는 것이 사람의 마음이다. 무엇인가를 하는 것보다는 하지 않는 것이 더 편하기 때문이다. 그 찰나의 유혹을 이겨내는, 즉 하지 않음을 습관으로 갖고 가는 것이 아니라 해 본다는 것에 습관을 들이는 노력이 필요한 것이다.

셋째, 강인함이다. 어떤 일을 지속적으로 한다는 것은 중간중간의 고비를 넘기고 버텼다는 의미이다. 그 중간의 고비는 외부에 존재하는 장애물일 수도 있지만 내 스스로의 마음에서 기인하는 것이 가장 클 것이다. 그리고 이것은 회의감과 나태함에서 비롯한다. 그럴 때 이를 극복하는 방법은 나의 목표를 다시 한번 되새기는 것이다. 그러면서 동시에 지금까지 버텨왔던 자신의 모습을 스스로 바라보며 또 한번 버틸 수 있는 강인함을 키워야 한다.

사례연구 ❶

직장인 정직지수, 초등학생보다 낮다

흥사단 투명사회운동본부 윤리연구센터(센터장 안종배 한세대 교수)가 국내 처음으로 2014년 성인(직장인) 대상 정직과 윤리의식을 파악한 정직지수 조사 결과를 공개했다. 조사 결과 대한민국 성인(직장인)의 정직·윤리의식이 침몰해 대책이 시급한 것으로 나타났다.

대한민국 직장인 정직지수는 100점 만점에 58.3점으로 2013년 조사한 청소년 정직지수(전체 74점, 초등학생 84점, 중학생 72점, 고등학생 68점)에 비해 15.7점 낮게 나타났다. 이는 우리 사회가 왜곡된 자본주의에 매몰돼 물질주의, 개인주의가 팽배해지고 도덕과 윤리의식이 잠식된 결과로 센터 측은 분석했다.

조사 결과 청소년의 33%가 "10억이 생긴다면 잘못을 하고 1년 정도 감옥에 들어가도 괜찮다."고 응답한 데 비해 20대는 44.7%, 30대는 43%, 40대는 36.1%, 50대 이상은 32.5%가 "괜찮다."고 답했다. "이웃의 어려움과 관계없이 내가 잘 살면 된다."는 질문에서도 20대는 54%가 "괜찮다."고 답했으며, 30대는 55.2%, 40대는 41.2%, 50대 이상은 36.8%가 "괜찮다."고 답했다. 청소년은 29%만이 "괜찮다."라고 응답했다. 부문별로 살펴보면 직장의 정직지수가 52.4점으로 가장 낮았고, 사회와 가정 52.9점, 친구 62.8점, 인터넷 70.7점 등으로 나타났다.

책임연구원 안종배 윤리연구센터장(한세대 교수)은 "사회에 만연한 경쟁과 성공 일변도의 가치관, 입시와 성적 위주의 교육 현실이 도덕적 가치를 우선순위에서 밀어내고 있다."며 "이 때문에 성인의 정직과 윤리의식이 떨어졌고 청소년에게도 악영향을 미쳤다."고 분석했다. 이어 대안으로 ▲부정부패가 근절되는 국가 차원의 혁신적 투명 시스템 도입 ▲창의적 인성 교육을 기본으로 하는 학교와 사회 교육의 변혁 ▲범국가적으로 '나부터 정직하자' 운동 전개 등을 제시했다.

– 전자신문, 2014년 12월 4일자

교육적 시사점

• 성인들의 정직지수가 청소년보다 못하다는 것은 부끄러운 일이며 도덕적 윤리의식을 가지고 정직한 삶을 추구하여 살아가야 한다.

• 정직의 실천은 먼 곳에서부터 찾는 것이 아니라 가까운 일상에서부터의 실천이 습관화되기 때문에 평소 자신의 행동과 생각을 재점검해 보는 것이 좋은 방법이 될 수 있다.

사례연구 ❷

만우절이나마 듣고 싶다 "보너스 10,000% 지급"

직장인이 회사나 상사로부터 만우절에 가장 듣고 싶은 거짓말은 "10,000% 보너스 주겠네."인 것으로 조사됐다.

하나로텔레콤(대표 윤창번)이 1일 만우절을 맞아 사내 웹진 '하나버드'를 통해 '만우절에 사장님께 듣고 싶은 즐거운 한마디는?'이라는 질문으로 설문조사를 실시한 결과 전체 응답 중 "10,000% 보너스를 주겠네."가 45%로 1위를 차지했다. "특별 휴가 다녀오게."가 26%로 뒤를 이었으며 "자네만 믿네."(11%), "승진을 축하하네."(8%) 등 인정과 격려의 말도 듣고 싶어하는 것으로 나타났다. "우리가 ○○회사를 인수하게 됐습니다."도 9%가 응답, 회사의 발전을 기원하는 대답도 있었다.

기타 의견으로 "출퇴근 혼잡을 피하기 위해 10시 출근, 5시 퇴근을 시행한다.", "사원들의 업무 능률을 높이기 위해 오전, 오후에 티타임을 만들겠다." 등 다양한 기타 의견도 눈길을 끌었다.

– 전자신문, 2005년 4월 1일자

◀ 교육적 시사점

정직과 성실이 요구되는 사회생활에서 항상 원칙만을 준수하는 것도 좋지만 때로는 상대를 기분 좋게 할 수 있는 말과 행동이 어떤 것이 있을지 생각해 보는 것도 사회생활에 큰 도움이 될 수 있다.

탐구활동

1. 【사례연구 1】을 읽고 직장인의 윤리지수가 청소년에 비해 낮은 이유는 무엇이라고 기술하고 있는지와 이에 대한 자신의 생각을 작성해 보자.

2. 【사례연구 1】을 읽고 "10억이 생긴다면 잘못을 하고 1년 정도 감옥에 들어가도 괜찮다."라는 질문에 어떻게 대답을 할지와 그 이유를 작성해 보자.

3. 【사례연구 2】를 읽고 악의없는 거짓말을 한 경험이 있다면 그 사례와 그로 인해 얻은 것은 무엇인지 작성해 보자.

학습평가

정답 및 해설 p.188

1   (   ) 안에 알맞은 말을 채워 넣으시오.

> (   )(이)란 '마음을 쏟아서 애쓴다'는 뜻을 지니고 있다. 하나의 일을 함
> 에 있어서 허투루 시간만 때우려고 하는 것이 아니라 온 정성과 마음을 다
> 해 노력한다는 의미인 것이다.

※ 다음 문장의 내용이 맞으면 ○, 틀리면 ×에 ✓표시를 하시오. (2~6)

2   근면의 동기는 자발적으로 이루어지는 것만 해당된다. (○, ×)

3   거짓말은 대표적인 합리화 방식의 하나이다. (○, ×)

4   정직하기 위한 출발점은 실패이다. (○, ×)

5   정직은 그것은 두려워하면 자연스럽게 실천된다. (○, ×)

6   어린 시절 일기를 쓰며 하루를 반성했듯이 매일 스스로의 말과 행동을 돌이켜
    보는 것은 정직의 습관화에 도움이 된다. (○, ×)

7   다음 중 성실하지 않은 사례에 해당하는 것은?
    ① 약속 시간에 항상 10분 먼저 도착하는 A씨
    ② 보이지 않는 부분도 깨끗하게 청소하는 청소부 B씨
    ③ 한눈팔지 않고 경계 근무를 서는 군인 C씨
    ④ 결재 문서의 빠른 처리를 위해 항상 대충 검토하는 D씨

8 　다음 중 성실하기 위한 원칙으로 적절하지 않은 것을 고르시오.

　　① 꾸준함　　　　　　　　② 포기하지 않음

　　③ 강인함　　　　　　　　④ 용기

9 　다음의 직업적 행동 태도에서 강조하고 있는 가치 덕목은? (　　　)

> • 회사 업무 시간에 개인적인 일을 보지 않는다.
> • 실수를 하였을 때 덮어 두지 않고 있는 그대로 보고한다.
> • 매출 실적을 올리기 위해 상대방에게 커미션을 주지 않는다.
> • 남들이 하는 부정적인 습관적 관행을 따르지 않는다.

Tip

게으름에서 벗어나는 7가지 열쇠

1. 게으름에 대해 자각하라

문제에서 빠져나오기 위한 첫 번째 원칙은 '내게 문제가 있다'는 점을 전적으로 인정하는 것이다.

2. 삶의 방향성을 찾아라

삶의 청사진을 만들고 그것에 몰입해야 한다. 청사진은 시각적으로 살아 꿈틀거려야 하고 입체적이어야 한다. 삶의 목표는 열정, 재능, 사회적 공헌도, 시대적 흐름이 만나는 교차점에 있어야 한다.

3. 리마인드하라

게으름에서 벗어날 수 있느냐 없느냐는 얼마나 초심을 유지할 수 있느냐에 달려 있다. 일기, 산책, 명상, 요가 등 자신만의 방식으로 매일 일정하게 삶을 규칙적으로 점검한다.

4. 하루에 한 가지는 천천히 하라

세수, 걷기, 대화, 독서, 식사 등 어떤 일이든 한 가지를 정해 속도를 늦춰서 천천히 한다. 걷기를 한다면 발뒤꿈치부터 지면의 압력을 느끼며 몸의 근육과 신체 기관이 어떻게 움직이는지 천천히 느끼며 걷는다.

5. 능동적으로 휴식하고 운동하라

휴식(Recreation)이란 말에는 창조(Creation)라는 말이 들어 있다. 일한 다음에는 쉬어야 하고, 긴장한 다음에는 이완해야 하고, 움직였다면 멈춰야 한다. 사실 게으른 사람은 일다운 일도, 쉼다운 쉼도 제대로 취하지 못한다.

6. 좋은 습관을 만들어라

습관을 변화시킨다는 것은 단순히 행위를 바꾸는 것이 아니다. 생각, 감정, 가치, 신념 등을 바꿀 때 비로소 습관도 바뀔 수 있다. 게으름에서 벗어나려면 삶의 만족감을 높일 수 있는 습관을 만들어야 한다.

7. 승리의 종잣돈을 만들어라

일상의 작은 승리를 조금씩 뭉쳐 승리의 종잣돈을 마련하는 것이 게으름에서 벗어나는 데 큰 도움을 준다. 이를 위해서는 목표를 더 세분화해야 한다.

Tip

"게으름에서 벗어나고 싶으신가요?"

"게으름에서 벗어나려면 노력하면 되고 열심히 살면 된다고 하는데, 꼭 그런 건 아닙니다. 노력에도 값진 노력과 헛된 노력이 있습니다. 헛된 노력 때문에 병원을 찾아오는 사람이 많습니다. 삶의 방향성을 갖고 있더라도 자신이 잘할 수 없는 것을 하거나, 안 되는 것을 하려는 것은 효과가 나질 않죠. 부모님이나 주위의 기대에 따라, 사회적인 평가, 부나 명예에 따라 삶의 방향을 설정하면 내면의 욕구나 강점에 충실하지 못한 사람이 되기 쉽죠. 의대에 다니는 학생들도 이게 안 맞는 사람이 많거든요.

게으름에서 벗어나는 해법은 자기로서 살아가는 게 핵심입니다. 자기가 잘할 수 있는 것, 스스로 개발하고 도전하는 것, 강점, 재능, 특성을 잘 파악해서 일로 구체화해 나가는 게 중요합니다.

세부적으로 들어가면, 큰 그림을 가져야 합니다. 일로써 구체화된 비전이죠. 두 번째는 삶을 긴 안목으로 바라보는 게 중요합니다. 게으름을 천성으로 생각하는 사람이 많습니다. 게으름이 나의 정체성이 아니라고 보는 게 중요합니다. '게으름이 잠시 나를 찾아왔다. 잠시 게으른 상태에 놓여 있다.'라고 생각하는 자세가 필요합니다. 삶은 골짜기도 있고, 봉우리도 있습니다. 너무 골짜기만 바라보면 침체하기 쉽습니다. 삶의 리듬이 있는데, 단선적인 게 아니잖아요. 세 번째는 재테크처럼 종잣돈이 필요합니다. 이것이 작은 계획, 작은 실천, 작은 승리라고 생각해요. 책에서 얘기한 것처럼 게으름은 '에너지가 저하된 상태'라고 봤는데, 많은 사람이 자신의 에너지 상태를 고려하지 않고 실행 능력에 맞지 않는 높은 계획, 어려운 계획에 도전합니다. 결국 작심삼일이 되죠. 그리고 '역시 나는 게으른 사람이야.' 이렇게 또다시 자기 비난으로 이어져 금방 직선적으로 후퇴해 버리고 마는 사람이 많은데, 제가 생각할 때는 목표를 분할하는 능력, 근사한 것보다 작은 계획, 작은 실천으로 작은 승리를 확보하고 눈 뭉치처럼 종잣돈으로 불려나가는 것이 필요합니다.

실천적인 토대, 베이스캠프를 마련하는 것이 중요합니다. 게으른 사람 대부분이 성취경험, 승리경험이 멀어졌거나 최근에 경험하지 못한 사람이 많은데, 무력감에서 벗어나려면 일단 작은 승리가 필요합니다. 너무 무리한 목표를 세우지 말고 작은 계획, 작은 목표를 세우고 이루어 나가는 것이 필요합니다."

– 《굿바이 게으름》의 저자 문요한과의 저자 인터뷰 中, YES24채널예스 홈페이지(http://ch.yes24.com/)

Tip

먹는 장사 이렇게 하라 – 정직이 경쟁력이다

몇 년 전의 이야기이다. 평소 안면이 있는 부동산 중개업을 하는 사장님이 나에게 동업을 제의해 왔다. 남들이 포기한 식당을 싸게 인수한 후 내가 운영하는 식당의 분점을 내자는 것이었다. 그렇게 여러 개의 가게를 열어서 얼마 후 큰 이익을 내고 팔면 짧은 시간 내에 큰돈을 벌 수 있다는 것이 그 사장님의 생각이었다. 하지만 일단 가게를 양도한 후에는 아무런 책임을 지려고 하지 않는 그분의 생각은 정직한 거래가 아니었다. 나는 누구에게 가게를 차려 줄 만큼 준비가 안 되었다는 이유로 그 제의를 거절했다. 물론 쉽게 돈을 벌 수 있다는 유혹이 끝까지 나를 흔들었지만 정직하지 못한 거래는 오래가지 못하고 망한다는 평범한 진리가 나를 멈추게 했다.

"모로 가도 서울만 가면 된다." 내가 싫어하는 말 중에 하나이다. 과정의 중요성은 생략하고 목적만 이루면 된다는 뜻이다. 사업을 하다 보면 순간순간 더 많은 이익을 얻기 위해 정직하지 못한 방법을 쓸 때가 있다. 그리고 그것은 모든 사람들이 하는 관행이라고 여기고 너무나 당연하게 받아들인다. 지난주 칼럼에 언급했듯이 부풀려진 매상으로 거래하는 것, 현금매상을 선호하고 세금은 최소한만 보고하는 것, 또한 정당한 임금을 주지 않고 종업원을 착취하는 것 등등 이런 것들은 사업을 하는 사람이라면 별 생각 없이 하고 있는 일들이다. 부끄러운 일이지만 사업을 처음 시작하고 어려울 때는 정당한 세금 보고를 하지 않았다. 가게에서 얻어지는 수익으로 생활을 하기도 힘든 상황에서 세금을 제대로 낸다는 것은 내게는 사치스러운 이야기였다. 하지만 가게가 발전해 가면서 내 능력이 되는 대로 열심히 세금을 내고 있다. 물론 무거운 세금을 낼 때면 나도 부담이 되고 아깝다는 생각이 드는 것도 사실이지만 어느 순간부터는 이것이 내 사업의 경쟁력을 높이는 방법이라고 생각하고 있다. 얼마 전에는 사업 확장을 위해서 은행에서 융자를 받았다. 여러 가지 경제적인 어려움 때문에 융자가 쉽지 않을 것이라 걱정했지만 꾸준히 낸 세금이 융자 승인에 큰 요소가 된 것 같았다. 나는 이 일을 통해서 정직이 경쟁력이라는 생각을 다시 하게 되었다.

많은 사람들은 정직하게 사업을 하는 것을 도덕적인 관점에서 말한다. 물론 틀린 말은 아니다. 하지만 나는 정직한 경영은 단지 도덕적인 이유가 아니라 사업을 성공시키기 위한 경쟁력이라고 말하고 싶다. 다른 가게보다 더 많은 손님이 오고 사업을 성장시키기 위해서는 경쟁에서 이길 수 있는 힘이 있어야 하는데 그것은 정직한 경영에서 나온다. 물론 정직하게 경영을 하다 보면 많은 경우 금전적으로 손해를 보게 된다. 그리고 '내가 이렇게까지 해야 하나' 하는 회의에 빠지기도 한다. 하지만 앞에서 내 경우와 같이 결정적인 경우에는 정직이 나를 살리고 사업을 확장시키는 발판이 된다.

다시 한 번 강조하지만 착한 사람이 되려고 정직하라는 것이 아니라 식당사업을 제대로 그리고 아주 성공적으로 운영하려면 정직한 경영이 기본이다. 식당을 경영하기가 갈수록 힘들어지고 있다. 이럴 때일수록 기본에 충실하면서 자기 상황에 맞게 최대한 정직한 경영을 할 때 언젠가는 더 큰 성공이 찾아올 것이다.

– 와우 벤토 대표 이재호, 미주한국일보 2008년 11월 26일자

제3절 바람직하지 못한 직업의식

현대 사회는 직업 사회라고 불릴 만큼 일상생활에서 직업이 차지하는 비중이 높기 때문에 직업에 대해서 개인이 가지고 있는 입장이 상당히 큰 영향을 미친다. 우리는 개인이나 사회가 직업에 대해 가지고 있는 이러한 가치관이나 태도를 '직업관'이라고 한다. 개인적 측면에서 바라보았을 때 직업관은 개인이 어떤 직업을 선택하게끔 하는지 혹은 일을 함에 있어서 어떠한 자세로 임하게 하는지에 결정적인 영향을 미친다. 또한, 사회적 측면에서 바라보았을 때 당시의 사회가 어떠한 직업을 중시하고 어떠한 직업을 중시하지 않는지 등 경제적 측면에서 이를 이해하는 데 도움을 주기도 한다. 그렇기 때문에 어떠한 직업관을 가졌는지는 개인의 삶뿐만 아니라 사회에도 큰 영향을 미친다. 예를 들어 건전한 직업관을 갖고 있는 개인들로 구성된 사회에서는 직업마다의 가치를 인정하고 보다 긍정적인 삶의 태도를 가짐으로써 안정된 사회로의 발전을 이끌지만, 그렇지 않은 사회에서는 그와 반대되는 현상이 일어나기 때문이다. 신문이나 TV 뉴스에 나오는 사건들 중 가끔 인체에 해로운 불량식품을 팔거나 밤에 폐수 또는 오물을 몰래 하천에 흘려보내는 일 등이 바로 올바르지 못한 직업관 또는 직업의식을 가진 사례를 단적으로 보여주는 것이라고 할 수 있다. 그렇다면 우리가 버려야 할, 바람직하지 못한 직업의식으로 어떤 것들이 있는지 보다 구체적으로 살펴보자.

첫째, 일을 목적이 아닌 수단으로 생각하는 사고방식이다. 무엇인가를 행함에 있어서 목적 없이 하는 경우는 없다. 하물며 정해진 시간에 일어나 씻고 버스나 전철을 타고 가서 하루 종일 일을 함에 있어서 목적이 없는 사람이 과연 존재할까? 가장 큰 목적은 경제적 이득을 바탕으로 한 생계유지일 것이다. 그러나 단순히 먹고살기 위해서 하기 싫은 일을 억지로 하는 사람은 얼마나 불행할 것인지를 생각해 보자. 아침에 일어나는 것도 싫을 것이요, 나가면 보기 싫은 직장 상사의 얼굴을 하루 종일 마주 대하는 것도 싫고, 지금 내가 하고 있는 일 자체가 마지못해 하는 억지스러운 행동일 것이다. 그렇기 때문에 중요한 것은 내가 하고 싶은 일을 하는 것이다. 이는 곧 지금 하고 있는 일 자체가 목적이다. 그 외에 급여를 받는다는 것, 직장 속에서 사람들과 어울린다는 것, 하루를 보람 있게 보냈다는 것은 일이 목적이기에 따라오는 부수적인 것들이다.

둘째, 직업에 대한 편견이다. 조선시대 우리 조상들은 '사농공상'이라고 하여
직업에 서열을 매기고 이에 따라 관련 직업을 높게 혹은 낮게 평가하였
다. 첫째는 선비이고, 그 다음으로는 농부, 물건을 만드는 공인, 물건을
파는 상인 순으로 직업을 좋게 평가한 것이다. 선비는 관료로 출세할
수 있는 가장 상위 계급에 해당하고 마찬가지로 농부는 여건이 된다면
과거를 통해 관료로 진출할 수 있는 계급이었다. 하지만 물건을 만드는
사람과 파는 사람들은 그럴 기회 자체가 아예 배제되었다. 그러나 현대
사회에서는 오히려 경제적으로 유리한 위치에 있을 수 있는 상인 계급,
즉 사업가가 가장 인기를 끌고 있다. 경제력이 상대적으로 우선시되면
서 과거에 사회에서 가장 무시받던 직업이 오히려 선망의 대상이 된 것
이다. 혹시 여러분도 지금 이러한 생각을 갖고 좋지 않게 바라보는 직업
이 있는가? 과연 좋지 않은 직업이란 있을까? 다른 직업보다 낮거나 높
은 직업이란 있을 것인가? 타인에게 피해를 주거나 사회적으로 해악을
끼치는 행위가 아니라면 그 소득이 낮든 높든지 간에, 그 일이 정신적
노동이든 육체적 노동이든 간에 다른 직업보다 못한 직업은 없는 것이
다. 자신이 그 일에 만족감을 느끼고 그로 인해 행복감을 느낀다면 그
것은 비교우위를 따질 수 있는 것이 아니다. 직업은 각기 다른 전문성
을 요하는 것이며 그것을 통해 누군가에게 도움을 줄 수 있다면 그것으
로 족하는 것이다.

셋째, 성 역할에 대한 고정관념이다. 이는 남성이 여성보다 낫다는 의식이 아
니다. 물론 이도 포함될 수 있다. 그렇지만 더욱 중요한 것은 남자가 할
일과 여자가 할 일이 따로 있다고 생각하는 것이다. 이를 우리는 성 고정
관념이라고 표현한다. 남자와 여자의 각기 다른 신체적·심리적·사회적
특성을 마치 실제인 것처럼 착각하거나 그렇다고 믿음으로써 잘못된 신
념을 마치 사실인 것처럼 여기는 것이다. 이는 가정은 물론 교육·사회적
과정을 통해서 형성된 것이다. 예를 들어 과거 육아 및 집안 살림에 1차
적 책임을 지고 있는 사람은 여성이었다. 그러나 최근 TV 프로그램을 통
해 보듯이 이제는 남성이 그 역할을 대신할 수도 있고 보완할 수도 있는
것이다.

여자에 대한 성 역할 고정관념이 나타난 속담이나 속설

- 여자 웃음이 담장을 넘어가면 안 된다.
- 암탉이 울면 집안이 망한다.
- 똑똑한 여자가 팔자가 세다.

남자에 대한 성 역할 고정관념이 나타난 속담이나 속설

- 남자는 하늘이고 여자는 땅이다.
- 남자는 평생 세 번만 울어야 한다.
- 사내 대장부가 부엌에 들어가면 '고추'가 떨어진다.

이런 속담이나 속설에 담긴 것과 같은 생각이 직업을 선택할 때에도 적용되는 경우가 많다. 전문적인 기술력이나 힘, 체력 등을 요구하는 분야는 남성이, 섬세함이나 꼼꼼함, 아름다움을 표현하는 직업에는 여성이 더 적절하다고 생각하는 것 등이 그 예이다. 그런데 과연 그러할까? 성 고정관념은 직업 선택을 가로막는 장애물이다. 내가 여자이기 때문에, 또는 남자이기 때문에 하지 못한다가 아니라 이러한 능력을 갖고 있기 때문에 이런 직업을 택한다라고 생각하는 것이 더 올바른 생각이다. 직업에 있어서 중요한 것은 남자와 여자라는 성별의 차이가 아니라 자신이 가진 적성, 재능, 그리고 그에 대한 적극적인 의지와 노력인 것이다.

사례연구 ❶

취업난 속 핫 키워드 '남자 승무원'

연일 높은 청년실업률과 구직난이 기록되고 있는 가운데 항공업의 성장세와 활발한 승무원 채용이 주목받고 있다. 그 가운데서도 최근 핫 이슈는 남자 승무원이다.

대한항공은 과거 일반직 근무자들 가운데 필요에 따라 남자 승무원의 수요를 탄력 운영했으나, 2011년에 들어 15년만에 남자 승무원 채용을 재개했다. 이렇듯 남자 승무원 채용을 재개한 것은 미주노선 개척과 함께 보안이나 위험물 관리에 대한 필요성이 증가하면서 남자 승무원의 역할이 커진 이유로 보인다.

아시아나항공은 전체 승무원의 5% 내외로 남자 승무원의 비율을 유지하고 있으며, 장거리 노선 기내 서비스 외에도 여자 승무원들과 짝을 이룬 계층별 특화 서비스를 제공하고 있다. 또 고객들에게는 남자 바리스타의 따뜻한 커피가 서비스되고 있다.

제주항공 역시 다수의 남자 승무원이 활약하고 있다. 사내 직원으로 구성된 사내 모델팀 외에도 J&J(Join&Joy)의 기내 프로포즈, 디카 서비스, 명절이나 국군의 날의 이벤트 코스튬 서비스 등으로 고객들에게 다양한 즐거움을 제공한다. 이 밖에도 진에어, 에어부산, 이스타항공에서 남자 승무원을 채용하고 있으며, 기내 보안을 책임지는 것은 물론 고객들에게 다양한 즐거움과 신선한 서비스를 제공하는 역할을 수행하고 있다. 또 항공사에 따라 차이는 있지만 기내 승무원 외에도 지상직으로 순환근무를 하기도 한다. 지상에서는 서비스 기획, 캐빈 지원, 승무원 훈련 교관 등의 업무를 한다. 특히 진에어는 미주노선 확장과 신규 기종 도입을 앞두고 남자직원의 비중을 20% 수준까지 유지하고 있으며, 2015년도에도 250여 명 이상의 남녀 신입사원을 채용할 것으로 전해지고 있다.

남자 승무원의 채용이 주목받고 것은 구직난 속에서도 항공업계가 활발한 채용을 계속하고 있으며, 비교적 낮은 스펙으로 대기업 입사가 가능해 직업 선택에 있어 흥미와 적성을 중요시하는 구직자들의 기호가 잘 맞물리고 있다고 분석된다.

대부분의 항공사가 2년제 이상의 학력, 토익 550점, 신장 170cm, 해외 출국 가능자, 군필자를 대상으로 남자 승무원을 채용하고 있다. 입사 후 2~3개월가량 서비스 매너, 여객 서비스, 보안 교육, 위험물 취급, 항공 지상훈련, 법정 훈련, 기내 방송 등의 실무을 익힌 후 한 달 평균 80~90시간의 비행을 하게 된다.

초봉은 3,000~4,000만 원 정도. 기본 급여 외에 비행 수당이나 체류 비용을 더 받을 수 있으며 해외 체류 시 체류지 내의 여행의 기회도 가질 수 있다.

최근 남자 승무원 채용이 주목받으면서 전문 학원을 통해 면접과 이미지 메이킹을 준비하려는 학생들이 늘고 있다. 아이비승무원학원(www.ivyseoul.com) 여근영 원장은 "활발히 진행되는 남자 승무원 채용으로 남자 수강생들의 비율이 증가하였다."라고 전했다. 또 "여성 지원자와 비교해도 손색없는 글로벌마인드, 외국어 능력, 섬세함 등 남성 재학생들의 가능성이 놀라운 수준이다."라고 덧붙였다.

여성의 영역으로 생각되던 항공 서비스 분야에 남성 지원자들의 도전은 2015년도에도 계속될 전망이다.

- 전자신문, 2014년 11월 24일자

◢ 교육적 시사점

• 성별에 따른 직업 경계 구분이 사라진 현재 성 역할의 고정관념에서 탈피할 필요가 있다.

• 직업 선택의 장애물인 성 고정관념을 탈피하여 자신의 적성과 재능, 의지와 노력을 새로운 직업 선택의 기준으로 정할 필요가 있다.

사례연구 ❷

인도의 늑대소녀 카마라와 아마라

1920년, 당시 캘커타(현재 지명: 콜카타)라는 인도의 한 도시 인근에서 두 소녀가 발견되었다. 놀랍게도 이 소녀들은 늑대 무리와 함께 생활하고 있었고, 이후 카마라와 아마라라는 이름으로 사람들의 손에 의해 길러지게 되었다. 당시 카마라의 나이는 7살, 아마라의 나이는 2살 정도로 추정되었으며, 양육 초기에는 음식을 먹을 때 손을 사용하지 않고 오로지 입으로만 먹으려고 하였다. 또한, 급한 상황에 처할 경우 팔과 다리를 사용해 동물처럼 뛰어다녔다. 게다가 옷을 입는다거나 목욕과 같은 인간적인 생활을 극도로 꺼리는, 마치 동물과 비슷한 모습을 보였다. 특히 언어 학습에 상당히 어려움을 겪었는데 나이가 어린 아마라의 경우 언어를 배운지 2개월이 지나서야, 카마라의 경우 언어 학습을 한지 3년이 지나서야 간단한 단어를 숙지할 수 있었다.

뉴기니아의 세 부족

미국의 인류학자로 유명한 마가렛 미드(Margaret Mead)는 뉴기니아의 세 원시 부족인 참불리 족, 아라페쉬 족, 먼더거머 족의 특성을 연구하였다. 그 연구 결과를 살펴보면, 참불리 족은 여성이 가정 내에서 경제권을 갖고 있었으며 공격성이 있고, 남성을 지배하고 있으며, 몸단장에 전혀 관심이 없는 것으로 나타났다. 이에 반해 참불리 족 남성은 예술성이 풍부하고, 수동적이며 섬세한 측면이 강했고, 아름답게 보이고 싶어 하는 것과 같이 치장에 관심이 많고, 여성들에 대한 뒷담화를 즐기는 것으로 나타났다. 아라페쉬 족의 경우 남성과 여성의 성향 차이가 거의 없었고, 양쪽 모두 온화한 편이며, 협동성과 동정성 등 일반적으로 여성적인 측면이 강했다. 먼더거머 족의 경우에는 남성과 여성 모두 폭력성이 있고 행동이 거친 모습을 보였으며, 경쟁심, 불신, 적대적인 모습을 보이는 등 일반적 기준으로 남성적 측면이 강하게 나타나는 것으로 조사됐다.

◢ 교육적 시사점

인간다움, 남성다움, 여성다움이 처음부터 정해진 것이 아니라 상황과 풍습, 통념에 따라 얼마든지 변화될 수 있다는 것을 인지해야 한다.

탐구활동

1. 【사례연구 1】을 읽고 자신이 생각하는 '여성/남성에게 어울리는 직업군'을 작성해
   보자.

2. 여성/남성에게 어울리는 직업군을 탈피하여 자기 스스로 해당 분야를 개척한 사
   례를 찾아 작성해 보자.

3. 【사례연구 2】를 읽고 인간다움, 남성다움, 여성다움은 어떤 것에 영향을 받는 것
   인지 생각해 보고 이에 대한 자신의 의견을 작성해 보자.

4. 여성의 직업활동에서의 평등을 실현하기 위한 법률이나 제도를 찾아 작성해 보자.

학습평가

정답 및 해설 p.189

1 ( ) 안에 알맞은 말을 채워 넣으시오.

> [바람직하지 못한 직업의식]
> • 일을 목적이 아닌 ( )(으)로 생각하는 사고방식
> • 직업에 대한 ( )
> • 성 역할에 대한 ( )

※ 다음 문장의 내용이 맞으면 ○, 틀리면 ×에 ✓표시를 하시오. (2~6)

2 직업에 대해 높고 낮음을 확실하게 구분해야 한다. (○, ×)

3 목적 달성을 위해서라면 타인에게 약간의 피해는 무방하다. (○, ×)

4 각 직업은 각기 다른 전문성을 지니고 있다. (○, ×)

5 성 고정관념은 직업 선택을 가로막는 벽이다. (○, ×)

6 육아 및 집안 살림에 남성이 그 역할을 대신할 수 있다. (○, ×)

Tip

금녀(禁女)의 벽 넘은 항공기 의사

"IMF한파가 제 인생 항로를 바꾸었죠. 일반대학을 졸업한 제가 항공기 정비사가 될 줄은 꿈에도 생각하지 못했어요. 하지만 이제는 제가 정비한 항공기가 뜨고 내리는 것을 보며 뿌듯함과 희열까지 느낀답니다."

항공정비사 정춘숙 씨(31). 그에게 항공기는 '어디 아픈 데가 없나' 살펴야 하는 덩치 큰 아기와 같다. 매일매일 탈이 나기 전 돌보고 항상 건강을 유지하도록 하는 그는 '항공기의 보모'이자 '활주로의 의사'다.

"항공기 사고는 대부분 대형사고로 이어지기 때문에 무엇보다 사전예방이 중요합니다. '안전을 벗어나는 것과는 절대 타협하지 않는다'는 것이 항공정비사의 철칙이죠."

항공정비사 자격증을 취득하기 위해서는 항공 관련 대학 졸업 후 6개월 이상, 전문대의 경우 1년 이상의 경력이 있어야 한다. 또 다른 방법은 전문교육기관에서 2년 동안 교육을 받는 것이다. 그러나 일반 전문학원은 수업료가 대학교 등록금 수준만큼 비싸기 때문에 경제적인 부담이 크다는 단점이 있다. 대한항공, 아시아나항공 등의 직업훈련원에서 교육을 받으면 수업료가 무료이며, 소액의 월급까지 받으면서 공부할 수 있다. 무엇보다 관련 기관에서 취업을 보장하기 때문에 유리하다.

정 씨는 경희대 호텔관광대학 조리과학과 졸업 후 2년간 호텔 외식업계에서 근무했다. 1998년 IMF 한파에 실업자가 된 그는 산업인력관리공단에 근무하는 언니의 권유로 항공기 정비사에 도전하게 되었고 아시아나항공 직업훈련원에서 교육을 받게 됐다.

항공기의 부품은 1백만~2백만 개에 이른다. 항공기 정비사들은 분야별로 나눠 대개 10만~15만 개의 부품을 담당한다. 따라서 각종 부품에 통달해야 하기 때문에 그동안 금녀(禁女)의 벽이 높은 직종 중의 하나였다. 여성이 이 분야에 첫 발을 내디딘 게 95년이었고, 아시아나항공 정비사 730여 명 중 여자는 17명뿐이다.

정 씨는 "비행기 기종만 대면 바퀴에서 엔진, 복잡한 항공통제기기까지 눈을 감고 부위별로 부품을 설명할 수 있어야 하기 때문에 훈련과정이 여간 힘든 일이 아니었다."고 말했다. 그는 이어 "그렇지만 일반 사무직보다 기술 및 전문성이 있다는 게 가장 큰 장점이며 또한 아직까지 사람들에게 잘 알려지지 않아 지금부터 시작해도 충분히 가능성이 있다"고 덧붙였다.

"기계를 조립하는 일이 많다보니 손재주가 남다르면 좋겠지요. 또 관련 도서는 영어로 되어 있고 외국 출장비행도 있으므로 원활한 업무 수행을 위해서는 영어실력이 갖추어져 있으면 유리합니다."

오는 25일 훈련원에서 만난 동갑내기 김형철 씨(31)와 결혼하는 정 씨는 "평생을 같이할 반려자와 천직을 공유한다는 게 무척 기쁘다."며 "항공기 정비사란 간판은 달았지만 아직 갈 길이 멀고, 진정한 명장의 반열에 오르기 위해서는 자동차도 신차가 계속해서 개발되고 출시되는 것과 마찬가지로 항공기도 그 기능이나 설계가 업그레이드되기 때문에 항상 새로운 것을 공부해야 한다."고 말했다.

– 경향신문, 2003년 12월 17일자

Tip

남녀고용평등 실현을 위한 법제 및 기구

1. 남녀고용평등과 일·가정 양립 지원에 관한 법률(약칭: 남녀고용평등법)

고용에서 남녀의 평등한 기회와 대우를 보장하고 모성 보호와 여성 고용을 촉진하여 남녀고용평등을 실현함과 아울러 근로자의 일과 가정의 양립을 지원함으로써 모든 국민의 삶의 질 향상에 이바지하는 것을 목적으로 한다.

2. 국가인권위원회

국가인권위원회 법에 의해 설치된 독립된 국가기관으로, 인권침해행위 및 차별행위에 대해 진정을 접수받고, 조사와 구제를 하며, 인권교육, 인권실태조사 연구, 인권침해의 유형, 판단기준 및 그 예방조치 등에 관한 지침을 제시하거나 권고하는 기능 등을 수행한다.

학/습/정/리

1. 기업의 존재 이유는 이윤 추구이다. 최소의 자원을 투입하여 최대의 성과를 거두려고 하는 논리는 기업 운영의 핵심 축을 구성하고 있지만 무턱대고 이윤 추구만을 목적으로 최소한 지켜야 할 것도 지키지 않은 채 운영한다면 그 기업은 존재할 가치가 없음은 물론 노동자와 소비자 모두에게 소외되어 결국 망하게 될 것이다.

2. 기업윤리의 5가지 요소는 다음과 같다.

   1) 재화나 서비스의 생산 과정에 있어서 거짓이 있어서는 안 된다.

   2) 생산된 재화나 서비스가 소비자에게 위해를 가해서는 안 된다.

   3) 기업에서 일하고 있는 근로자의 최소한의 권리를 보장해 주되, 그들의 희생을 강요해서는 안 된다.

   4) 기업 상호 간에는 자유롭고 공정한 경쟁을 기반으로 한 선의 경쟁 체제를 유지해야 한다.

   5) 기업과 근로자, 소비자가 존재하는 사회환경 및 자연환경에 피해를 주어서는 안 된다.

3. 각기 다른 목적을 가지고 있는 다양한 직업 사회이기에 각 직업마다 윤리의 요구 수준이 다르고 그들 스스로 요구되는 직업윤리를 내세우고 있다.

4. 근면은 게으르지 않고 부지런한 것이며 이러한 행동을 하게 되는 동기는 다음과 같이 크게 2가지로 나눌 수가 있다.

   1) 외부에 의해서 강압적으로 행해지는 근면

   2) 스스로 자발적 동기에 의한 근면

5. 정직의 가치를 실현하기 위해서는 다음과 같은 노력을 기울여야 한다.

   1) 정직하기 위한 출발점은 반성이다.

   2) 정직을 두려워하지 말라.

   3) 정직은 습관이다.

6. 성실하기 위한 3가지 원칙은 다음과 같다.

   1) 꾸준함

   2) 포기하지 않음

   3) 강인함

NCS
직업기초능력평가

직업
윤리

Chapter

03

공동체윤리

제 ❸ 장
공동체윤리

▶▶ 학습목표

구분		학습목표
일반목표		공동체의 삶을 살아가며 발생하는 다양한 상황에서의 예절에 대해 그 의미와 중요성을 인식할 수 있다.
세부목표		1. 공동체윤리의 의미와 필요성에 대해서 설명할 수 있다. 2. 공동체윤리의 핵심 가치에 대해서 설명할 수 있다. 3. 직장예절의 개념을 알고 상황에 따른 행동을 제시할 수 있다. 4. 사례를 보고 그것이 성예절에 어긋나는 것인지 판단할 수 있다.
세부요소 및 행동지표	봉사 정신	나는 고객을 응대하는 일을 할 때, CS정신을 가지고 고객을 응대할 수 있다.
	책임 의식	나는 의견을 제시하고 그것의 사후관리에 대한 책임감을 가질 수 있다.
	준법성	나는 일을 할 때 불법적인 방법을 쓰지 않으며 준법정신을 가지고 할 수 있다.
	직장예절	나는 직장에서의 다양한 상황에 따른 올바른 예절법을 알고 그것을 실천할 수 있다.

▶▶ 주요 용어 정리

공동체윤리

인간 존중을 바탕으로 봉사하며, 책임있고, 규칙을 준수하여 예의 바른 태도로 업무에 임하는 자세를 의미한다.

직장예절

일상생활의 예절을 조직 내에서 만나는 직책과 상황에 맞게 적용하는 것을 의미한다.

성희롱

성추행이나 성폭행과 유사하지만 그 정도에 있어서 직간접적으로 불쾌한 감정을 느끼게 했다면 성희롱에 해당된다.

제1절 공동체윤리의 의미와 구성 요소

인간은 자연 속에서 살지 않는 한 필연적으로 다른 사람과 함께 살아가야 하기 때문에 '사회적 존재'라고 부른다. 일반적으로 인간이 태어남과 동시에 조건 없이 자연적으로 속할 수밖에 없는 집단이 가족이다. 이후 나이를 먹어감에 따라 학원 또는 학교라는 집단, 직장이라는 집단에 속할 수밖에 없으며 이러한 집단을 가리켜 '공동체'라고 부른다. 국립국어원의 표준국어대사전에 따르면 공동체란 '생활이나 행동 또는 목적 따위를 같이 하는 집단'이란 뜻이다. 가족이나 학교가 생활이나 행동을 같이하는 집단이라면 직장은 생활도 같이하지만 동일한 목적을 지닌 집단의 성격이 더 강하다고 볼 수 있다. 이렇듯 우리는 생활의 대부분을 공동체의 일원으로 행동한다고 볼 수 있으며, 공동체는 모든 생활의 기반을 이루는 곳으로 이해할 수 있다.

특히 최근에는 공동체의 구성 요소 중 하나인 공간적 요소가 약해짐에 따라 기존 공동체의 개념이 많이 바뀌고 있다. 1950년대에 힐러리(Hillery, 1955)는 "공동체란 일정한 지리적 영역 내에서 하나의 혹은 그 이상의 부가적인 공동의 유대를 통해 사회적으로 상호 작용하는 사람들로 이루어진다."라고 정의한 바 있다. 그리고 이에 대한 구성 요소로 지리적인 영역(지역적 변수), 사회적 상호 작용(사회학적 변수), 공동의 유대 혹은 연대(문화, 심리적 변수)의 요소가 필요하다고 했다. 그러나 현대 사회는 과거보다 지리적 접근성이라는 측면이 다소 약화되고 있다. 농촌 사회에서는 한 마을에서 평생을 살다시피 했지만, 이제는 산업화와 교통 발달로 인해 직장 중심의 생활환경으로 공동체의 범위가 확대되었으며 전국 대부분이 1일 생활권이 가능함에 따라 지리적 공동체의 경계가 약해지고 있다. 더군다나 사이버문화의 발달로 멀리서도 공통의 관심사를 이야기하고 나눌 수 있는 상대가 존재함에 따라 여기에서 발생된 유대감 등으로 사람들은 실제 내 옆에 존재하고 있는 사람보다 눈에 보이지 않는 사람들을 오히려 더 편하게 느끼게 되었으며, 이로 인해 과거의 지리적 개념이 아닌 사이버 공간을 활용한 공동체로 변모하고 있다. 그리고 이러한 공동체가 형성되기 위해서는 다음과 같은 3가지 구성 요소를 필요로 한다.

첫째, 공간이다. 이는 장소 기반의 공동체(Place-based community)와 공간 기반의 공동체(Space-based community)로 구성된다. 과거에는 물리적으로 가까운 곳에 있는 사람, 쉽게 말하면 한 마을에 살고 있는 사람들을 중심으로 공동체 형성이 가능했다. 한 공간에 있어야 그만큼 자주 교류할 수 있는 여건이 조성되었고, 나와 함께 같이 살고 있는 누군가의 존재를 인식할 수 있었기 때문이다. 즉, 가까운 곳에 있어야 더 공동체 형성이 용이했던 것이다. 그러나 최근에는 이러한 공간적 요소의 기준이 약해지고 있다. 나와 공통의 관심사를 가진 사람들을 만나는 것이 반드시 내 눈앞에서 직접 이루어져야 할 필요가 없어진 것이다. 인터넷 기술의 발달, 가전매체의 발달로 인해 굳이 보지 않더라도 내 생각과 의견을 전달할 수 있고, 상호 간 의사소통이 가능해졌기 때문이다. 이러한 결과로 심지어는 나와 함께 살고 있는 가족보다 한 번도 만난 적 없는 가상 세계의 친구를 더 편하게 느끼기도 한다. 우리는 이러한 관계를 공간 기반 공동체라 부른다.

둘째, 사회적 상호 작용이다. 다른 사람과 함께 있다는 것은 각각의 개별적인 인간이 별도로 존재한다는 의미가 아니다. 너와 내가 만나 우리가 되듯이 상호 간의 교류, 즉 상호 작용을 통해 같은 집단에 속해 있다는 상호 간의 연대감이 구성되는 것이다. 이런 공동체 의식은 단순히 한 공간에 있다고 해서 저절로 형성되는 것이 아니라 나의 자발적 의지와 상대방의 동일한 의지가 전제되어야 한다.

셋째, 한 공간에서 살고 있는 것과 상호 간의 교류 작용을 통해서 '우리는 하나다'라는 연대감이 형성된다. 흔히 소속감, 우리 의식이라 표현되는 것으로 생각이나 의사를 단순히 주고받는 것이 아닌 그것을 넘어서 함께라고 하는 의식이 생겨나는 것이다. 이것을 우리는 공동체 의식이라 부른다.

이렇듯 공동체란 '나'가 아닌 '우리'를 강조하는 기본적인 기치 아래 함께 살아가는 것을 의미한다. 즉, 자아와 공동체가 개별적으로 존재하는 것이 아니라 밀접한 관련성을 바탕으로 공동 운명을 지는 존재라고 인식할 때 공동체 의식, 공동체윤리가 가능한 것이다. 그러나 오늘날 공동체 의식은 급격한 사회 변화 과정에서 우리의 개념을 협소하게 정의하여 집단 이기주의라는 이름으로 사회적 문제를 일으키기도 한다. 나와 보다 가까운 사람, 나와 관련 있는 사람만을 챙기는 작은 범위의 공동체만을 공동체로 여기는 것이다.

인간은 누구도 혼자서 살아갈 수 없다. 사회적 존재이기 때문에 가족, 학교, 직장, 단체, 지역, 사회, 국가 등 다른 사람들과 함께 더불어 살아간다. 그러므로 집단 구성원들끼리 적대적 관계, 경쟁 관계가 아닌 동반자 관계, 함께 더불어 살아가는 존재라는 의식 전환이 필요하다. "개인의 자유와 사회의 자유가 함께 실현되려면 공동체가 필요하며 이러한 공동체가 인륜이다."라는 헤겔의 말은 개인과 공동체가 서로 분리되어 있는 존재가 아니라 더불어 공존하는 존재임을 단적으로 지적한 말이다. 개인의 발전을 위해서는 공동체의 안정이 필수적이다. 또한, 공동체의 발전은 개인의 성장을 기본으로 한다.

인간은 자신을 개인적인 존재로 발전시키는 동시에 다른 사람 또는 집단과의 관계에서 자기를 재발견하며 이를 통해 공동체 속에서 존재가 가능하다. 그렇기 때문에 윤리라 함은 필연적으로 공동체 속에서만이 가능한 것임을 인식하고, 보다 폭넓은 시각을 가질 필요가 있다.

사례연구

리멤버0416 서포터즈, "우리 마을은 우리가 지킨다."

세월호 참사 이후 5개월이 지났지만, 유가족들은 아직도 마을로 돌아오지 못하고 있다. 이들의 오랜 거처였던 안산시 단원구에서는 이들이 돌아오면 언제든지 따뜻하게 맞이할 아랫목을 준비 중인 손길이 있다. 지난 15일 월요일 힐링센터 0416 쉼과힘(힐링센터)은 세월호 참사 관련 치유와 마을의 회복을 위한 부설기관을 단원고 바로 옆 엘림하우스(고잔동 단원로61) 2층에 설치하고 개관식을 가졌다.

힐링센터는 고잔동 명성교회(담임목사 김홍선), 연세대학교 상담·코칭 지원센터(소장 권수영 교수), 군자종합사회복지관(관장 황인득) 등 3곳의 협업을 통해 만들어진 민간 주도의 사회안전망이라는 새로운 모델을 표방하고 있다.

안산 온마음센터(구, 트라우마센터)와도 업무 협력을 맺은 힐링센터는 나름대로의 장기적 치유 계획을 밝혔다. 먼저 지역 주민과 함께 '쉼과 힘을 만드는 우리 동네', '기억하고 함께하는 우리 동네', '문화와 예술이 있는 우리 동네' 등 3단계 비전을 선포하고 'Re-member(리멤버)0416 서포터즈'를 모집한다.

서포터즈는 '우리 동네는 우리가 지킨다'는 능동적인 마음가짐으로 세월호의 아픔을 기억하고, 누구든지 다시금 마을의 중요한 가족구성원으로 재결속(Re-member)하고자 하는 운동이다. 힐링센터 설립을 위해 지속적으로 단원구를 방문해 온 연세대학교 권수영 교수는 "단원구가 여타 아파트 밀집 지역과는 달리 마을 이웃에 대한 친밀성이 매우 높은 지역임을 눈여겨보기 시작했다."면서 "세월호 이후 마을이 자랑하던 가족 공동체 정신이 위기를 맞았다."라며, "무엇보다 먼저 힐링센터가 마을의 공동체 정신을 회복하고, 마을의 누구나 세월호를 기억하고 다시금 예전의 따뜻한 마을로 돌아가기 위한 서포터즈 운동을 전개하려 한다."라고 취지를 밝혔다.

리멤버0416 서포터즈는 단원구 마을 주민은 물론 일반 시민들도 누구나 참여할 수 있다. 재능 서포터즈와 홍보 서포터즈 문의는 힐링센터로 하면 된다(031-400-0075 / 담당 임남희 사무국장).

– 전자신문, 2014년 9월 19일자

주민과 예술인이 함께 만드는 문화마을 〈우각로 문화마을〉

우각로는 인천시 남구 숭의3동 일대에 있는 길 이름입니다. 이 주변에서 지대가 가장 높은 곳의 이름이 '쇠뿔고개'인데, 우각(牛角)이라는 이름에서 알 수 있듯이 이 주변의 모습이 소의 뿔 모양처럼 생겼다고 해서 지어진 이름이지요. 이 길은 거미줄처럼 마을 사이사이를 통과하는 작은 골목길을 포함해서 동구 창영동까지 이어져 있습니다.

특히 쇠뿔고개 일대는 1970~80년대의 생활상이 고스란히 남아있는 곳인데, 산동네에 옛 가옥들이 빼곡히 들어서 있는 모습이 특징입니다. 재개발 계획이 15년 이상 지연되면서 사람들이 하나둘 떠나갔고, 지금은 10여 년 전과 비교해 30% 가량 인구가 줄어 1,600여 명이 살고 있다고 합니다.

주민들이 마을을 떠나면서 빈집과 공터가 늘어나 잇따른 문제들이 생겨났는데요. 지난 2011년 10월부터는 지역 예술가들이 마을에 들어와 문화예술을 매개로 주민들과 소통하고, 주민들과 함께 마을의 문제를 해결하기 위한 노력을 시작하게 되었다고 합니다. 그렇게 문화예술 활동을 기반으로 '우각로 문화마을'이 생겨나게 되었는데요. 오은숙 사무국장님과 만나서 동네 이야기를 들어 보았습니다. …

어떤 분야의 예술가들이 계신가요? 또 어떤 활동을 하시는지요?

"예술가 풀로는 시인, 연극인, 배우, 가수, 안무가, 미술가, 목공예, 설치미술가, 사진·영상가, 독립영화 감독 등 20여 분 정도 계세요. 그들과 힘을 모아서 빈집을 문화공간, 도예 공방, 작은 도서관, 게스트하우스 등으로 만들었어요. 목공예 방도 있구요.

'행복창작소'는 우각로 문화마을 활동의 독립성과 지속성을 확보하기 위해 예술인과 지역 주민이 함께 만든 협동조합이에요. 마을을 가꾸는 선순환 구조를 만들어 주민 모두가 자부심을 느끼고 살아갔으면 하는 바람이 있죠. 도예공방 '자기랑'에서는 쇠뿔고개를 본따 마을을 상징하는 기념품을 제작·교육·판매해요.

'우각로 행복길'이 있는 곳은 전경이 좋은데 경사가 높고 길이 울퉁불퉁하거든요. 이곳을 청소년 봉사단체 학생들과 함께 벽면을 깨끗하게 칠하고, 화단을 보수해서 길을 조성했어요. 그 밖에는 2013년부터 '우각로 문화콘서트'를 열고 있어요. 이제 7차를 앞두고 있는데, 지난번부터 동네 거리로 나와서 진행하고 있어요. 7차는 주민이 주인공이 되는 자리로 꾸며 보려 해요."

– 웹진 2014년 7월 30일자, 인천시 마을공동지원센터 홈페이지(http://incheonmaeul.org/)

◢ 교육적 시사점

• 공동체란 어렵고 거창한 것이 아니라 사소한 것에서부터 시작된다.
• 공동체란 단순히 편리한 삶을 살기 위한 것에만 국한되는 것이 아니라 질서 및 치안 유지에도 도움이 되고 보다 나은 삶을 살 수 있게 하는 초석이다.

탐구활동

1. 【사례연구】를 읽고 자신이 알고 있는 또 다른 공동체 마을의 사례를 작성해 보자.

2. 공동체의 성공 요인이 무엇인지 생각하고 자신의 의견을 작성해 보자.

3. 앞에서 본 사례 이외에 이와 유사한 공동체 사례를 작성해 보자.

학습평가

정답 및 해설 p.189

※ (   ) 안에 알맞은 말을 채워 넣으시오. (1~2)

1   인간은 자연 속에서 살지 않는 한 필연적으로 (   )와/과 함께 살아가야 하기
    때문에 '사회적 존재'라고 부른다. 일반적으로 인간이 태어남과 동시에 조건 없이
    자연적으로 속할 수밖에 없는 집단이 가족이다.

2   국립국어원의 표준국어대사전에 따르면 (   )(이)란 '생활이나 행동 또는 목적
    따위를 같이 하는 집단'이란 뜻이다.

3   공동체의 구성 요소로 바르지 않은 것을 고르시오.

    ① 공간   ② 사회적 상호 작용
    ③ 극심한 개인주의   ④ 연대감 형성

4   현대 사회의 공동체 구성에 영향을 미친 요인으로 바르지 않은 것을 고르시오.

    ① 교통의 발달   ② 군락 형성
    ③ 인터넷의 발달   ④ 커뮤니티 활성화

5   공동체윤리가 필요한 이유로 바르지 않은 것을 고르시오.

    ① 인간은 기본적으로 사회적 존재이다.
    ② 개인은 공동체와 별개로 존재가 가능하다.
    ③ 안정적인 공동체 속에서 개인의 발전이 가능하다.
    ④ 개인은 성장 과정에서 타인과의 관계를 통해 그 의미를 찾을 수 있다.

17년간 마을과 함께 써내려간 작은도서관 이야기 – 대전 모퉁이 작은도서관

공공도서관은 지역민들이 이용하기에 여러 어려움이 있다. 보통 자치구별로 하나씩이라 접근성이 떨어지고, 이 때문에 서적 대여와 반납이 쉽지 않다. 그래서 책은 있는데 읽는 사람이 없다는 자조 섞인 목소리가 많이 나오고 있다. 이런 문제의 대안으로 최근 작은도서관이 독서문화를 확산시키는 새로운 대안으로 떠오르고 있다. 마을 도서관 만들기 운동에 힘이 실리면서 현재 전국적으로 4천여 개의 작은도서관이 운영되고 있다.

대전 유성구의 모퉁이도서관은 이런 작은도서관의 대표격이다. 지역 주민들이 함께 운영하는 마을 공동체 도서관이다. 현재 모퉁이 도서관장의 말씀을 들어보았다.

"모퉁이는 대전 지역 작은도서관들의 선구적인 역할을 해온 도서관입니다. 17년이라는 오랜 시간 동안 모퉁이가 유지될 수 있었던 이유는 사서 인력을 제외한 모든 운영을 모퉁이의 철학에 뜻을 같이한 순수 봉사자들이 운영해 왔기 때문입니다.

원래 위치는 지금 있는 곳의 도로 건너편 지하였지요. 그땐 이름 그대로 정말 모퉁이였어요. 세월이 지나면서 공간이 부족해 2010년도에 대로변으로 이전을 했죠. 지금의 도서관 위치는 모퉁이라는 이름과 어울리지는 않지만 정감 있어서 계속 그 이름을 쓰고 있답니다. 도서관의 역사를 잘 모르는 분들께서는 모퉁이 이름이 위치와 어울리지 않는다고 말씀하셔요(웃음). 모퉁이는 98년도부터 '이선배'라는 개인이 갈마동에서 본인의 도서관 운영 철학을 실현하기 위해 시작했습니다. 그분이 도서관 운영에 필요한 인건비, 운영비 일체를 직접 충당 하셨어요. 이선배님이 터를 다 닦고, 어린이도서연구회 '동화 읽는 어른(대전 지부)'의 몇몇 분들이 함께 도서관을 꾸미기 시작했죠. 2002년도에 이선배님이 운영에서 손을 떼었고 지역 주민들이 그때부터 사서도 하고, 프로그램 운영도 하는 등 지킴이 역할을 하면서 명맥을 유지해 오고 있습니다. 그 시절을 돌아보면 어둡고 습하고 냄새 나고 장마철만 되면 제습기 틀어 놓고 운영해야 할 정도로 열악한 환경이었죠. 그래도 작은 공간에서 도란도란 지냈던 잊을 수 없는 시절입니다. 그 후, 2010년도에 유성평생학습센터가 만들어지며, 1층에 도서관이 입주하게 되었습니다. 저는 2002년 자원봉사 활동을 시작해 지금은 관장으로 모퉁이도서관을 운영하고 있습니다."

– 작은도서관 추천운영사례 中, 작은도서관(02–515–1178) 홈페이지(http://www.smalllibrary.org/)

미래 마을 공동체를 만들기 위한 지방정부의 역할

모든 주요 결정과 과정에는 주민이 중심이 되고, 그들과 공유하고 소통하는 매커니즘을 만들 필요

- 마을 공동체가 발전되고 확장됨에 따라 공동체의 가치와 비전을 지속적으로 공유하고, 변화에 대응하기 위한 노력 필요
  - 오랜 기간 다양한 주민들의 시간, 자금, 상상력, 의지 등을 기반으로, 지속 가능성을 위한 비즈니스모델 발굴 및 전문지식과 기술을 가진 인적자원 활용
  - 예산이라는 직접적, 경제적 지원을 줄이고 주민의 자립, 자율적 활동으로 정착되게끔 커뮤니티 비즈니스와 도시계획 연계

마을공동체 관련사업 부서의 역할분담과 관리 일원화를 통한 지방정부의 효율적인 마을 공동체 지원체제 마련

- 경기도의 마을만들기 관련 부서로는 기획조정실 창조행정담당과, 자치행정국 자치행정과(마을만들기지원팀), 도시주택실 지역정책과·도시정책과, 농정해양국 농업정책과, 보건복지국 무한돌봄센터 등이 있으며, 전담부서제 또는 협업부서제 모두 가능
- 아울러 중간지원조직의 구성을 통해 주민 주도 마을공동체에 대한 지원 및 시·군 마을 공동체 진행 사업과 유기적인 관계 유지 필요

– 미래 마을 공동체 형성과 지방정부의 역할(제2호) p.5,
경기연구원 공식블로그(http://grikr.tistory.com/m/post)

제2절 공동체윤리의 핵심 가치

1 봉사(서비스)

1) 봉사(서비스)의 의미와 필요성

우리가 '봉사'의 개념을 접한 것은 아마도 학창 시절 의무적으로 활동했던 '자원봉사'를 통해서였을 것이다. '자원봉사'를 있는 그대로 해석하면 '스스로 원해서 받들고 섬긴다'라는 말로 사회봉사나 봉사활동으로 불리기도 한다. 우리 조상들은 과거부터 시작된 오랜 봉사문화를 갖고 있다. 교과서에서 배웠던 '계', '두레', '향약' 등이 마을 공동체 속에서 이웃 주민들 간에 서로 도움이 필요할 경우 주고받았던 자발적인 봉사활동의 시초인 것이다. 조선시대 말에는 기독교와 민주주의 사상이 도입되면서 서양의 자원봉사 활동이 소개되었다. 여기에 교회, YMCA, YWCA 등 사회단체들이 중심이 된 봉사활동이 사회 전반에 걸쳐 전개되었다.

일반적으로 '봉사'는 '국가나 사회 또는 남을 위하여 자신을 돌보지 아니하고 힘을 바쳐 애씀'이라는 의미를 갖고 있다. 또한 '서비스'는 '개인적으로 남을 위하여 돕거나 시중을 듦' 또는 '생산된 재화를 운반·배급하거나 생산·소비에 필요한 노무를 제공함'이라는 의미를 갖고 있다. 이 두 단어의 공통점은 누군가를 위해서 필요한 노력이나 힘씀을 의미한다는 것이다.

그렇다면 과연 직장을 다님에 있어서 또는 직업을 가짐에 있어서 '봉사'의 개념은 왜 필요한 것일까?

회사는 생산해 내는 유무형의 상품을 고객에게 제공하는 것을 통해 존재할 수 있다. 이러한 이유로 최근에 회사에서는 고객만족(CS)이라는 교육을 강조하고 있다. 고객을 단순히 친절하게 대하는 것이 아니라 고객이 원하는 바가 무엇인지 제대로 파악하고 이를 만족시켜 줄 수 있는, 고객의 눈높이에 맞는 서비스를 갖출 수 있도록 하는 능력을 강조하고 있는 것이다. 이러한 교육을 통해 상대방의 입장에서 고객이 요구하는 바를 충족시키고, 그것을 통해 고객은 편안함과 만족감을 느낄 수 있게 된다. 이제는 눈에 보이는 겉치레의 친절함이 아닌 고객 이해를 기반으로 하여 진심에서 우러나오는 친절이 필요한 것이다. 다음은 친절과 관련한 서비스 8계명이다.

친절 서비스 8계명

- 친절은 돈이 들지 않는다.
- 친절은 건강에 도움이 된다.
- 친절하면 남녀노소 누구나 좋아한다.
- 친절하면 작은 실수도 눈감아 준다.
- 친절하면 경쟁에서 유리하다.
- 친절하면 많은 사람을 확보할 수 있다.
- 친절하면 정기적금과 같은 효과를 얻는다.
- 친절은 성공의 지름길이다.

단순히 인사를 잘하는 것, 웃는 얼굴을 보여주는 것이 서비스가 아니다. 무엇인가를 끊임없이 연구하여 좋은 물건을 싸게 만들어 내는 것, 깨끗하게 주변을 청소하는 것, 다시 오고 싶은 분위기를 만들어 내는 것, 고객의 짜증에도 친절하게 말하는 것 등을 모두 아울러 서비스라고 한다.

고객 서비스로 유명한 기업으로 일본의 MK택시가 있다. 과거 도쿄에 5만여 대의 택시가 있을 때 84대만을 가지고 도쿄로 진출한 MK는 택시 운영 대수에 있어서 기존 업체와 비교가 되지 않을 만큼 적었으며, 이 때문에 시골에서 진출한 기업이 대도시에 적응하지 못하고 무너질 것이라는 소문이 났었다. 하지만 MK는 4가지 인사로 이를 극복했다. 첫 번째는 손님이 처음 탔을 때 "MK입니다. 감사합니다.", 두 번째는 "어디까지 모실까요? □□□입니까?", 세 번째는 "오늘 운전하고 있는 사람은 ○○○입니다.", 네 번째는 "감사합니다. 잊으신 물건은 없으십니까?"이다.

첫 번째 인사는 처음 본 손님에게 밝은 모습으로 인사를 건네기 위함이며, 두 번째 인사는 손님의 목적지를 확인하기 위함이며, 세 번째 인사는 손님에게 편안한 마음을 주기 위함이며, 네 번째 인사는 아름답게 배웅하는 마음인 것이다. 이 4가지 인사는 MK 기사라면 반드시 하도록 했고, 이는 택시요금 안에 서비스가 포함되어 있기 때문이라는 경영자의 신념에서 비롯되었다. 일본을 방문하는 외국 귀빈들 중 MK택시를 타고 싶어 하는 경우가 있다고 한다. 고르바초프 전 구 소련 대통령, 카터 전 미 대통령, 베이커 전 미 국무장관, 달라이 라마 등이 MK택시를 탔다. 그들이 국가에서 제공하는 관용차가 아닌 일개 택시 회사의 차를 타고 싶어하는 이유는 하나였다. 사람의 마음을 열어 감동시키는 서비스 좋은 택시를 타 보고 싶었던 것이다.

봉사, 친절을 행하는 것은 어려운 일이 아니다. 내가 고객의 입장이라면 무엇을 바라는지를 생각하고 사소한 것에서부터 시작하는 것이 봉사의 첫 출발이요, 완성인 것이다.

2) 봉사의 기본 자세

① 마음가짐

과거와 달리 고객은 동일한 제품에 대해 선택할 수 있는 대안을 너무나 많이 갖고 있다. 고객들의 요구를 충족시키지 못하는 기업들은 생존 자체가 어려워지는 이른바 '고객 경제 시대'를 살고 있는 것이다. 무한 경쟁 시대인 고객 경제 시대에는 고객을 만족시키는 서비스를 제공하는 기업만이 생존할 수 있다. 고도화된 서비스 수준을 경험하고 있는 고객들은 끊임없이 기업 간의 서비스 수준을 비교하게 된다. 이러한 고객 서비스 경쟁에서 우위를 점하고 지지도와 위상을 유지하기 위해서는 보다 차별화되고 수준 높은 서비스를 제공할 필요가 있다. 따라서 고객 만족 서비스의 기본 조건을 재확인하고, 고객 만족 실천을 위한 적극적이고 능동적인 마음가짐이 필요하다.

고객을 맞이하는 자세

- **정성맞이**: 고객은 언제나 정중한 자세와 밝은 미소로 정성껏 모신다.
- **경청**: 고객의 작은 소리도 귀담아 들으려고 노력한다.
- **실천**: 고객의 입장에서 생각하고, 고객에게 감사하는 마음을 담아 행동한다.
- **해결**: 고객의 불편·불만 사항을 근원적으로 해결하기 위해 최선을 다한다.
- **주인정신**: 내가 우리 회사 대표라는 정신으로 맡은 임무에 임한다.

프로페셔널 정신

- 우리 회사를 방문하는 고객들은 우리 서비스에 대한 기대를 갖고 있다. 자신의 업무에 있어서는 자신이 최고의 전문가라는 마음가짐으로 고객을 맞이하는 자세가 중요하다.
- **고객의 3가지 기대**
  - 직원들은 업무에 대한 전문성이 있을 것이다.

- 직원들은 친절할 것이다.
- 요청한 업무는 빨리 처리될 것이다.

② 용모와 복장

단정한 용모와 복장은 나를 보여주는 창문이자 나의 이미지를 결정짓는 중요한 요소이다. 용모와 복장은 자신의 인격을 표현하는 외적인 기능임을 인식하고, 회사 이미지를 대표한다는 마음가짐을 갖고 늘 단정하고 품위있는 모습으로 고객을 맞이해야 한다. 특히 표정은 첫인상을 좋게 해주고, 자신과 상대방을 즐겁게 하며, 상대를 편안하게 해주어 업무가 효율적으로 진행되게끔 도와준다. 첫인상의 84%가 시선임을 기억하고 눈과 입에 미소를 담은 채, 상대의 눈과 눈 사이를 바라봐야 하는 것을 명심하자.

표정의 주요 포인트
- 상황과 대상에 맞는 표정을 짓고 있는가?: 상대와 비슷한 표정으로 감정을 공유한다.
- 턱을 너무 들거나 당기고 있지는 않은가?: 건방져 보이거나 소극적인 느낌을 줄 수 있다.
- 고개를 한쪽으로 기울이고 있지는 않은가?: 느슨한 느낌을 준다.
- 바른 시선으로 고객을 바라보고 있는가?: 시선이 가파르지 않도록 고객과 적당한 간격을 유지한다.

③ 바른 인사

인사는 친절의 시작이자 서비스의 성패를 좌우하는 첫 번째 관문이며, 손님 맞이는 인사로 시작해서 인사로 끝난다. 인사는 인간관계가 시작되도록 하며, 인간관계의 윤활유 역할을 하기도 하고, 업무에 활력을 준다. 따뜻한 인사는 탄탄한 신뢰감을 형성한다.

인사의 7가지 포인트
- 인사의 주도권은 내가 먼저: 내가 먼저 인사하자.
- 인사는 돈이 들지 않는 투자: 적극적인 자세로 하자.
- 눈은 대화의 통로: 상대의 눈을 보고 미소 지으며 하자.
- 밝고 친절하게: 밝고 명랑한 표정으로 친밀함을 담아서 하고, 몸은 상대 쪽

으로 향하자.

- **적절하고 다정하게**: 상황에 맞는 인사말을 하고, 인사말을 다정하게 하자.
- **답례는 필수**: 인사를 받는 사람은 반드시 답례를 하자.
- **항상 꾸준하게**: 인사는 언제나 지속적으로 하자.

바른 인사의 자세

- 정면으로 선다.
- 가슴과 등은 곧게 한다.
- 올바로 손을 모은다.
  - 남성: 계란 하나를 쥔 듯 손을 모아 바지 재봉선에 댄다.
  - 여성: 오른손을 왼손 위로 하여 아랫배 정도에 모은다.
- 발을 모은다.
  - 남성: 발뒤꿈치를 붙이고 양발의 각도는 30도 정도로 벌린다.
  - 여성: 발뒤꿈치를 붙이고 양발의 각도는 15도 정도로 벌린다.
- 밝은 표정을 짓되 인사말에 맞는 표정을 짓는다.
- 웃는 얼굴로 상대의 미간을 바라보면서 인사를 한다.

주의합시다(해서는 안 될 행동).

- 눈을 쳐다보지 않고 하는 인사
- 마지못해 하는 인사
- 망설임이 느껴지는 인사
- 무표정한 인사
- 고개만 까딱하는 인사
- 반가운 마음을 싣지 않은 인사
- 말로만 하는 인사
- 아쉬울 때만 하는 인사

3) 고객 접점 서비스

여러분은 소개팅을 해본 적이 있는가? 남자들의 90%, 여자들의 80% 이상이 첫 만남에서 소개팅 상대에 대한 호감도를 판단한다고 한다. 처음 10초 동안에는 상대방의 외모가 첫인상의 상당 부분을 차지하고, 대화가 진행될수록 상대방의 분위기, 느낌, 인상, 대화 등을 통해 전체 이미지로 각인된다고 한다. 그리고 이렇게 초기에 각인된 첫인상은 그 이후의 만남에서도 쉽게 바뀌지가 않는다고 한다. 이렇듯 한 사람을 판단함에 있어서 아주 찰나의 순간이 결정적인 영향을 미치는 것처럼 고객 역시 제품이나 회사를 판단할 때 첫인상을 중시한다.

투우장에서 성난 황소 한 마리가 마지막 숨을 헐떡이며 투우사를 마주볼 때 두 눈이 마주치는 순간을 Moment of Truth(MOT)라 하는데, 마케팅을 중시하는 기업에서는 고객 관례 차원에서 이를 비유로 자주 든다. 조사에 따르면 고객이 기업의 상품이나 서비스를 결정하는 데 필요한 시간은 15초라고 한다. 사람과 사람이 만났을 때 첫인상에서 그 사람을 또 만나냐, 지속적으로 볼 것이냐를 결정하듯 고객과 회사의 만남에서도 첫인상이 중요한 것이다. 식당에 갔을 때 종업원의 표정이 밝은지, 환하게 인사를 하는지, 식당 분위기는 깔끔한지 등의 아주 잠깐의 판단으로 고객은 그 식당에서 밥을 먹을지 그냥 나올지를 결정한다. 즉, 아주 사소한 것일지라도 다양한 니즈를 가진 고객의 입장에서는 결정적일 수 있기 때문에 일상생활에서 서비스 마인드가 부족하다는 것은 곧 매출과 연결될 수 있다. 그럼 보다 세부적인 상황 속에서 어떻게 고객 접점 서비스를 해야되는지 알아보자.

① 고객사를 방문할 시
- 반드시 사전에 전화로 방문 목적을 분명히 밝히고 시간 약속을 한다.
- 약속 시간을 잘 지키며, 시간 지연이 불가피할 경우 사전에 전화로 양해를 구한다.
- 방문한 회사의 방문 규정을 준수하며, 업무에 지장을 주지 않는다.
- 신속하게 업무를 마치며, 업무를 마친 후 고객에게 감사의 인사를 전한다.
- 방문처 고객의 요구나 의견이 있을 시 빠른 시간 내에 이를 처리하여 고객 서비스에 최선을 다한다.

② 고객을 응대할 시
- 고객이 다가오면 눈을 마주 보며 먼저 인사한다.
- 특정 담당자를 찾는 고객에 대해서는 양해를 구한 후 담당자를 호출 또는 안내한다.
- 고객과 상담을 할 때는 먼저 자리를 권한 후 상담을 시작한다.

- 고객이 기다려야 할 경우 지루하지 않도록 읽을 것이나 음료를 준비한다.
- 고객이 요청 사항을 마쳤을 때에는 업무 요약 안내와 추가 용무를 확인한다.
- 고객을 맞이하는 것보다 더 중요한 것은 배웅으로, 맞이하는 인사보다 더욱 정중하게 끝까지 밝은 표정을 유지한다.

③ 방향 안내
- 손가락을 붙이고 손바닥을 위로 향하게 하여 오른쪽 방향인 경우는 오른손으로, 왼쪽 방향인 경우는 왼손으로 가리킨다.
- 손의 위치는 가슴 부근을 기준으로 한다.
- 원근을 나타낼 경우 손의 높이로 조절한다.
- 등줄기는 꼿꼿이 편다.
- 가리킬 때는 상체를 약간 숙인다(등이 굽어지지 않도록 주의한다).
- 팔은 몸통과 주먹 하나 들어갈 정도로 벌리고, 팔꿈치는 90도 각도를 기본으로 하며, 가리키는 위치가 멀어질수록 각도를 달리한다.

④ 동행 안내
  고객의 바로 옆에 서지 않고 1~2보 앞에 서서 안내할 방향을 따라 안내한다.

⑤ 계단 안내
- 계단을 오르거나 내려가기 전에 고객이 당황하지 않도록 "○층입니다."라고 안내한다.
- 고객이 계단의 난간(손잡이) 쪽으로 걷도록 한다.
- 올라갈 때는 고객의 뒤에서, 내려갈 때는 고객의 앞에서 걸어 고객보다 높은 위치가 되지 않도록 한다(안내자가 앞서는 것을 원칙으로 하되, 고객과 안내자가 모두 여성인 경우에는 내려올 때 안내자가 앞선다).

⑥ 엘리베이터 이용 시
- 안내자가 없을 경우: 탈 때는 직원(아랫 사람)이 먼저 타서 엘리베이터를 조작하며, 내릴 때는 고객(윗사람)이 먼저 내릴 수 있도록 배려한다.
- 안내자가 있을 경우: 탈 때도 고객(윗사람)이 먼저, 내릴 때도 고객(윗사람)이 먼저 내리도록 배려한다.

⑦ 에스컬레이터/회전문 이용 시
- 에스컬레이터 이용 시 올라갈 때는 고객(윗사람) 혹은 여성이 먼저 타도록 안내한다. 내려갈 때는 직원 혹은 아랫사람이 먼저 탄다.
- 회전문 이용 시에는 고객(윗사람) 혹은 여성이 먼저 이용하도록 배려한다.

| 표 3-1 | 고객 유형별 응대 방법

유형	특징	응대 요령
성격이 급한 고객	• 기다리게 하거나 무시하면 금방 화를 낸다. • 재촉이 심하다. • 심지어는 "이렇게 하라, 저렇게 하라."라고 업무지시까지 한다. • 이것저것 한꺼번에 얘기한다.	• 신속 정확하게 응대하여 좋은 인상을 심어 준다. • 동작뿐만 아니라 "네, 빨리 처리하여 드리겠습니다." 등의 표현을 반드시 한다. • 언짢은 내색을 보이거나 원리원칙만을 내세우지 않는다. • 늦어질 경우 사유에 대해 분명히 말하고 양해를 구한다. • "바로 처리해 드리겠습니다. 죄송하지만 잠시만 기다려주십시오." 등의 표현을 한다.
의심이 많은 고객	• 일단 의심을 하고 납득하기 전까지는 결코 행동으로 옮기지 않는다. • 쉽게 알 수 있는 사실에도 질문을 되풀이하거나 반복 확인한다. • 지나치게 자세한 설명이나 친절도 때로는 의심을 한다.	• 대강 설명한다는 느낌을 받지 않도록 관련 규정 등 분명한 증거나 근거를 제시하여 설명한다. • 확신 있는 어조로 설명한다. • 결코 답답해하거나 짜증내지 않는다. • 의견을 들어주고 불만에 대해 상세히 설명한다.
흥분하는 고객	• 사소한 것에도 곧잘 흥분하고 감정의 기복이 심하다. • 작은 일에 민감한 반응을 보인다.	• 평온하게 대응한다. • 말씨나 태도에 주의하여 감정을 자각하지 않도록 한다. • 불필요한 대화를 줄이고 신속하게 조치한다. • "고객님, 마음대로 하세요.", "알아서 하세요." 등의 말을 삼간다.

말이 없고 온순한 고객	• "미안합니다만…." 등의 겸손한 표현을 한다. • 속마음을 표현하지 않아서 헤아리기 어렵다. • 겉으로는 저자세이지만, 속으로는 날카롭게 관찰할 수도 있다. • 한번 마음에 새겨두면 오래 지속된다. • 말이 없는 대신 오해를 잘할 수 있다.	• 말이 없는 것을 흡족해 한다고 착각해서는 안 된다. • 항상 예의바르게 행동함으로써 고객이 마음을 놓을 수 있도록 한다. • '예', '아니오'로 대답할 수 있는 질문을 통해 고객이 방문 목적을 이야기하기 쉽도록 유도한다. • 정중하고 온화하게 대하고, 일은 차근차근 빈틈없이 처리해 주도록 한다.
거만한 고객	• 직원의 상담 내용에 대하여 부정적인 반응이 많다. • 다 알고 있다는 듯 설명을 잘 듣지 않는다. • 자기 자랑이 심하고 거만하다. • 직원보다 책임자에게 접근하려고 한다.	• 되도록 정중하게 대한다. • 과시의 욕구가 충족되도록 고객의 특이사항이나 장점을 칭찬해 드린다. • 의견에 대해 맞장구를 친다. • "네 맞습니다. 고객님 말씀대로…"와 같은 표현을 한다. • "다 아시면서 뭘 물어보세요?" 등의 표현은 삼간다.

2 책임

1) 책임의 의미와 필요성

• 책임과 권위는 동전의 양면과 같다. 권위가 없는 책임이란 있을 수 없으며 책임이 따르지 않는 권위도 있을 수 없다. – 막스 베버
• 책임이란 말을 빼버리면 인생은 아무 의미도 없다. – 레인홀드 니버
• 40세가 지난 인간은 자신의 얼굴에 책임을 져야 한다. – 링컨

직장인으로서 사회생활을 한다는 것은 곧 자신이 맡은 바 임무에 책임을 다한다는 것이다. 여기에 예행연습이란 없다. 물론 신입사원 초기에는 실무경험이 부족하기 때문에 주변의 도움을 받거나 지시를 받아 해당하는 일만 수행하는 경우가 많다. 그러나 경력이 쌓여 가고 직급이 올라감에 따라 곧 스스로 판단하고 이에 대한 책임을 져야 하는 막중함 부담감을 느끼게 된다. 업무 협의나 회의 시 자신이 말한 발언 하나가 중요한 의사결정에 영향을 끼칠 수 있으며

이는 곧 회사의 이익으로 연결된다. 그리고 이는 곧 그 사람의 경륜이요 실력으로 증명되어 버린다. 간혹 어떤 사람들은 의사결정 시 대충 넘어가려고 하거나 자신과 관련이 없다고 발뺌하는 경우도 있는데, 이는 자신의 책임을 회피하려고 하는 경우에 발생된다.

신입사원은 특히 해당 부서에서 주변 동료들이나 선배들보다 혹은 고객보다 관련 내용을 몰라 좌절감을 느끼기도 한다. 그러나 그렇다고 해서 이런 상황 탓을 하거나 다른 이에게 떠넘기려고 해서는 안 된다. 아무리 사소한 일이라도 반드시 누군가는 해야 할 일이며, 필요에 의해 만든 자리이기 때문에 대충 넘겼을 때 좋지 않은 결과로 이어질 수 밖에 없다. 오히려 안 좋은 일로 인해 자존심에 상처를 입었을 때에는 다른 사람은 어떻게 하고 있는지 보다 눈여겨 보고 남보다 더 많이, 더 빨리 배울 수 있도록 해야 한다. 그리고 그것을 실전에서 적용하고 활용함으로써 해당 분야의 과업을 성실히 하여 성과를 만들어 낼 수 있도록 해야 한다. 학교에서의 지식이 보고 배운 것을 적용해 풀기만 하면 되는 것이었다면 회사 업무는 보고 들은 지식을 실전에서 활용해야만 하는 것이다. 즉, 아는 것을 행동으로 옮겨서 보다 좋은 성과를 낼 수 있도록 노력하는 것이 직장인의 책임인 것이다. 그리고 우리는 이런 사람들을 프로라고 부른다. 간혹 자신이 없다고 하여 적극성이 결여된 채 소심하게 행동하는 이들도 있다. 하지만 결코 실전에서 물러나서는 안 된다. 그렇다고 마구잡이로 일을 닥치는 대로 해야 한다는 것은 아니다. 자신이 맡은 바 업무를 정확하게 분석해서 해당하는 분야에서 요구하는 전문가가 되어야 하는 것이다. 내가 비록 다른 사람보다 부족하다고 느낄지라도, 혹은 실패할 수 있을 것이라는 걱정이 들어도 다른 사람에게 무시당할까봐 업무를 피해서는 안 된다. 두렵지만 이를 극복하고 시행착오 끝에 자신의 분야에서 전문가가 되는 것, 이것이 바로 직장인으로서 가져야 할 최소한의 책임인 것이다.

2) 직무별 하루 일과를 통해 살펴본 책임 사례

신입사원을 뽑은 후 이들이 제대로 된 역할을 수행할 수 있도록 하기 위해 기업이 투자하는 돈은 얼마나 될까? '그간 학교에서 관련 지식을 배우고, 인턴십이나 관련 사회활동을 통해서 여러 능력을 갖추었다고 한 이들에게 또 무엇을 가르쳐야 할까?'라는 생각이 들 수도 있다. 2013년 한국경영자총협회가

355개 기업을 대상으로 조사한 결과 대졸 신입사원 교육 및 훈련기간은 평균 18.3개월로 총 소용되는 비용은 5,959만 6,000원으로 밝혀졌다. 특히 여기에서 가장 큰 부분을 차지하는 교육이 바로 직무능력이었다. 즉, 대학 졸업 후 막상 원하는 기업에 들어갔으나 제대로 업무를 수행하기까지는 막대한 시간과 비용이 들어간다는 것이다. 여러분은 앞으로 무엇을 하고 싶은가? 다음의 사례를 보고 여러분이 원하는 분야에서 먼저 일하고 있는 선배는 어떠한 하루 일과를 보내고 있으며 그 일과를 잘 수행하기 위해서는 어떤 노력이 필요하고 책임감이 따르는지 생각해 보자.

① 마케팅 분야의 하루 일과

출근 후 관련 부서와 상호 간 일정과 업무를 공유하기 위해 팀 회의를 실시한다. 일과가 반복되지 않고, 관련 기업 또는 계열사와 함께 진행하는 일이 많기 때문에 각자의 계획이나 판단에 따라 일을 진행하는 경우가 잦다. 현장에 직접 나가 인터뷰를 진행하거나 관련 업체와의 미팅, 지방 출장 등으로 외근을 하는 경우가 있다. 사무실에 있을 때에는 자사의 브랜드 및 마케팅 관련 업무를 수행하기 위한 근거 자료를 작성하거나 각종 의사소통과 관련된 업무의 효율성 제고를 위한 방안을 고안하는 작업을 진행하기도 한다. 마케팅은 정체되어 있는 일이 아니기 때문에 수시로 마케팅 관련 사항을 체크해야 하며, 급작스럽게 문제가 발생할 경우 이에 대한 대책을 마련해야 한다. 하나의 프로젝트가 종료되는 시점이라면, 그에 따른 결과를 분석하여 관련자 및 경영진들에게 공유 및 보고하고, 해당 자료는 추후 효과적 마케팅을 위한 데이터 자료로 활용하기도 한다.

② 홍보 분야의 하루 일과

출근 후 신문, 라디오, 인터넷 뉴스 등과 같은 각종 언론자료를 체크한다. 내용이 호의적이냐 악의적이냐에 관계없이 회사와 관련된 이슈라면 모두 수집하고, 반드시 알아두어야 하는 내용들로 추려 직원 및 경영진들에게 공유한다. 진행 중인 조사나 취재 안건이 있다면 이를 위해 자료를 작성하거나 관련자와 미팅을 하거나 회사에 요청할 사항을 전달하는 등의 업무를 처리한다. 취재나 관련자 미팅은 외근이나 지방 출장 등으로 진행하는 경우도 있으며, 일과 시간 이후에는 주로 기자 미팅을 하는 경우가 많다. 홍보 분야는 미팅으로 인한 외부와의 약속이 많기 때문에 사무실에서 야근을 하는 경우가 거의 없지만, 이따금 자료나 미팅 결과물을 정리하기 위해 사무실에서 야근을 하는 경우도 있다.

③ **인사 분야의 하루 일과**

직원들과 관련된 돌발적인 상황들이 수시로 발생하기 때문에 인사 분야는 정해진 계획대로 일을 진행하기보다는 갑작스럽게 발생한 문제들을 해결하는 데 많은 시간을 보낸다. 효율적으로 문제를 해결하고 자신이 맡은 업무역시 완수하기 위해 출근 후 상황과 여건에 따라 업무를 진행해야 한다. 인사 분야는 신규채용, 업적평가 등 시기별로 중요한 업무가 달라지기 때문에각 시기에 따라 보다 중요한 업무를 우선적으로 신경 써야 한다. 그밖에 회사 기념일, 워크샵과 같은 행사의 진행을 담당하기도 하고, 직원의 복리후생제도와 관련된 교육 및 운영 업무를 진행하기도 한다. 각 업무는 개인별로 수행하기도 하지만, 전체적으로 팀원들과 협업하여 진행하기도 한다.

④ **경영관리 분야의 하루 일과**

출근 후 이메일이나 업무 관련 공문을 확인하기도 하고, 진행해야 할 업무의 리스트를 체크한다. 진행되는 업무들이 대외적인 일보다는 내부적인 일이 많기 때문에 변수가 없고, 순차적으로 진행되는 일이 많아 정해진 일정에 맞게 일이 처리될 수 있도록 해야 한다. 간혹 이슈나 문제가 발생할 경우현재 처리 중인 업무에 피해를 주지 않도록 상황을 잘 판단하여 문제해결과업무 수행 모두 무리 없이 진행될 수 있도록 해야 한다. 경영관리 분야에서는 내부 보고 자료를 작성하는 일이 많으므로 이와 관련된 내용을 수집, 편집, 가공하여 목적에 맞는 자료로 표현해 내어야 한다. 결산, 경영진 보고, 임원 회의와 같은 중요하거나 긴급한 사안이 있을 때에는 이에 초점을 두어하루 일과를 진행해야 한다.

3 준법

1) 준법의 의미와 필요성

우리는 살면서 자신의 실수로 인해 또는 주변 상황으로 인해 작거나 큰 사고를 당하곤 한다. 혹시 작은 사고가 여러 번 반복되어 큰 사고로 이어진 경우를 당한 적이 있는가? 1920년대 미국 여행보험사에서 일하던 허버트 하인리히

(Herert W. Heineich)는 산업재해 통계를 분석하던 중 큰 재해가 1번 있었다면 그 전에 같은 원인으로 발생한 작은 사고가 29번 있었고, 운 좋게 사고는 피했지만 같은 원인으로 피해를 당한 적이 300번이나 있었다는 사실을 밝혀냈다. 그리고 이런 규칙을 토대로 1 : 29 : 300이라는 '하인리히의 법칙'을 주장했다.

이를 준법정신과 연관지어 생각해 보자. 혹시 '한두 번 쯤이야.' 하는 생각으로 규칙이나 법을 어기며 생활하고 있지는 않은가? 사소한 것이기 때문에 어겨도 누구도 피해보는 사람이 없고 자신은 더 편해진다면 여러분은 어떻게 할 것인가?

우리 사회는 서양과는 달리 '정(情) 중심'의 사회이다. 따라서 옳고 그름의 이성적 판단으로만 사회생활을 하기에는 한계점을 느낄 때가 분명히 있다. 확실히 잘못된 것인데 '의리 없다', '인간미 없다'라는 말과 함께 회사에서의 왕따 분위기를 조성하기도 한다. 더군다나 지속적으로 회사생활을 해왔던 경험과 함께 앞으로도 함께 할 것이라는 잘못된 우리 의식이 법의 틀을 깨고도 이를 못 느끼게 할 때도 있다. 잘못된 행동임에도 불구하고 어쩔 수 없이 한 행동, 혹은 내가 아니라 우리가 한 행동이기에 이를 정당화하기도 한다.

그러나 초기에 사소한 행동으로 시작했다고 하더라도 그 과정에서 점점 시간이 지남에 따라 큰 문제로 확대되는 경우가 종종 있다. 예를 들어 1995년 발생한 삼풍백화점 붕괴 사고는 설계 당시 규정에 맞지 않게 하중이 4배를 초과했고, 비용 절감을 위해 마땅히 들어가야 할 철근을 대량으로 뺀 것이 원인이었다. 이러한 부실 공사와 관리로 인해 벽에 금이 가거나 에어컨 진동 등의 문제가 수시로 발생했고, 이를 무시한 결과 1,000여 명이 넘는 사상자를 발생한 대형사고로 이어진 것이다.

사소하지만 잘못된 행동을 하는 것은 처음에는 어려울 수 있다. 그러나 그것이 반복되면 일상 행동이 되고, 이는 보다 더 크고 잘못된 행동을 유발한다.

2) 리더와 준법의식

2015년 3월 사교육 업체인 아이스크림 홈런의 초등학습연구소가 전국 초등학생 2만 3,117명을 대상으로 한 '반장의 역할과 자격'에 대한 설문조사에서 대다수의 학생들이 반장을 '규칙을 지키도록 이끌어주는 사람'으로 생각했다는 결과를 발표했다. 또한, 반장이 되고 싶은 이유에 대해 31%가 '리더십을 발휘

할 기회이기에'를 가장 많이 꼽은 것으로 나타났다. 가정에서 벗어나 처음으로 공동체 생활을 시작한 시기이자 담임 선생님과 학생이라고 하는 명확한 상하관계 및 자신을 리드해 주는 사람의 존재를 외부에서 객관적으로 인식하는 시기를 보내고 있는 아이들의 답변을 통해 우리는 다음과 같은 생각을 할 수 있다.

사람들은 하나의 조직생활을 시작하면서 '명확한 가치 기준을 가지고 조직을 이끌 수 있는 리더'가 되고 싶어 한다. 이는 회사 조직 생활에서도 마찬가지이다. 조직이라고 하는 것은 나와 함께 동료, 그리고 이를 이끌 수 있는 리더로 구성이 된다. 여기서 리더는 반드시 누군가를 이끌어야 하는 존재를 의미하는 것은 아니다. 나에게 주어진 일이 있는 이상 그 일에 있어서 리더가 되는 것이며 함께한다는 뜻에서 리더로서의 집합체가 회사 조직이라고 이해할 수 있다. 즉, 모든 구성원이 명확한 가치 기준을 갖고 업무에 임해야 하는 것이다. 따라서 회사에서 신입사원을 뽑을 때도 장차 그 회사를 이끌어 갈 인재를 선발한다는 마음으로 잠재 능력을 최대한 발휘하여 회사 조직에 큰 성과를 가져올 수 있는 핵심인재를 찾는 데 사력을 다하여야 한다.

- 편법 1등을 하느니 5등이라도 정도를 가야 합니다. – 이건희 삼성회장
- LG는 앞으로 50년, 100년 동안 지속하는 1등이 되어야 하며, 이는 정도 경영을 통해서만 완성되는 것입니다. 1등 LG는 반드시 정도경영의 기반 위에서 뿌리내려야 합니다. – 구본무 LG 회장
- 이번에 제정해 선포한 윤리규범을 전 임직원이 자율적으로 준수하고 실천 해나가겠다는 의지와 노력을 갖는 것이 무엇보다도 중요합니다. – 이구택 전 포스코 회장
- 가장 윤리적인 것이 가장 강하다는 의미는 조직이나 단체를 리드하는 지도자가 갖추어야 할 능력 중 도덕성을 최우선하듯이 윤리가 개인의 능력과 자질, 조직의 운영원리에 있어 기본이라는 것입니다. – 구학서 전 신세계 사장

위의 말들은 기업이 해당 조직 그리고 그 조직 내에 속한 구성원이 갖추어야 할 도덕적 자질의 중요성을 얼마나 강조하고 있는지를 보여주고 있다. "세 살 버릇 여든까지 간다."라는 말이 있다. 비록 지금은 일개의 신입사원으로 조직 내에서 중요한 위치를 차지하지 않을 수도 있다. 그러나 향후 여러분은 한 조직의 대표자로서 당면한 과업을 해결해 나가는 훌륭한 리더가 될 것이다.

[포스코의 기업윤리 자가진단표]
- 지금 하는 행동이 공개되어도 부끄럽지 않은가?
- 회사를 위해 시간과 권한을 사용하고 있는가?
- 타인에게 부당한 요구를 하고 있지 않은가?
- 회사의 업무를 적극적으로 수행하고 있는가?
- 지금 하고 있는 방법이 과연 최선의 방법인가?

4 예절

1) 예절의 의미와 필요성

요즘 회사들의 관심사 중 하나는 다니고 있는 직원들이 얼마나 기분 좋게 일을 할 수 있는지, 소위 말하는 '일하기 좋은 직장'을 만드는 것이다. 이와 관련하여 매년 〈포춘(Fortune)〉지는 '일하기 좋은 100대 기업'을 발표하여 이에 대한 우수 기업을 알리곤 한다. 이는 일하는 분위기가 곧 기업의 성과와 관련되어 있으며 지속적으로 안정적인 경영을 할 수 있게 만든다는 것을 의미한다. 사람과 사람이 함께 하는 직장 내에서는 긍정적이며 밝은 분위기가 필수이고, 이를 위해선 사람과 사람 사이에 최소한의 예절이 잘 지켜져야 한다.

과거 상명하복의 분위기 속에서 윗사람의 지시에 일방적으로 순응하는 것이 일반적인 분위기였다면 이제는 상호 간 인격적 존중을 기반으로 서로 간의 다름을 인정함으로써 보다 생산적인 창조성을 강조하는, 변화된 분위기가 느껴지고 있다. 그러나 창의성과 개성을 중시한다고 하더라도 그간 유지되어 왔던 조직의 문화, 그리고 우리가 사는 사회에서의 최소한의 예절마저 없어진 것은 아니다. 특히 회사생활은 가족이나 친구들과의 어울림과는 달리 상호 간 필요에 의해서 맺어진 인위적인 집단이며, 각기 다른 계층과 연령으로 구성된 집단이다보니 더욱더 예절의 필요성이 중시된다.

직장에서도 최소한 지켜야 할 기본 규칙이나 문화가 있다. 이를 위해 신입사원 입사 시 일부 기업에서는 별도로 신입사원 예절교육을 시키기도 하고 윤리강령이라고 하여 조직 전체가 준수해야 할 사항을 숙지시키기도 한다. 이러한 별도의 시간이 없다면 옆에서 보이는 직장 상사 또는 선임, 동료들의 행동을 배우고 익혀야 하며, 이를 자연스럽게 체득하기 위해서는 반복적인 노력이 필요하기도 하다.

2) 직장예절의 기본 요소와 마음가짐

예절은 예의와 범절을 줄인 말로 예의는 남의 인격을 존중하고 경애하는 정신, 말, 행동을 나타내는 공동체의 규정이나 관계이다. 즉, 상대방에게 갖추어야 할 기본적인 말투나 몸가짐, 행동을 의미한다. 범절은 일상생활에서의 모든 일의 순서나 절차로 말투나, 몸가짐, 행동의 정해진 형식을 의미한다. 이를 통해 보았을 때 예절은 상대방을 존중하는 마음을 그에 해당하는 올바른 형식으로 표현하는 행위를 의미한다.

이는 직장에서도 마찬가지이다. 반드시 해당 기업만의 특별한 예절을 요구하는 경우도 있겠지만 우리가 일상적으로 알고 있는 일상생활의 예절을 조직 내에서 만나는 직책과 상황에 맞게 적용하면 되는 것이다.

먼저 상사에 대해서는 배워야 한다는 마음과 존경하는 마음을 갖고 있어야 한다. 선배에 대해서는 존경하고 따르는 마음이 있어야 하며, 동료에 대해서는 함께하는 마음과 협력하는 마음이, 후배에 대해서는 가르쳐 주고 이끌어 주고자 하는 마음과 격려 및 칭찬을 아끼지 않는 마음이 필요하다.

또한, 철저한 자기관리를 통해 자신의 감정을 조절함과 동시에 맡은 바 임무를 완수할 수 있는 통제력이 필요하다. 자신의 감정에 따라 좋고 싫음을 드러내지 않는 공정한 태도와 남이 하기 싫어하는 일에 앞장서는 솔선수범의 자세, 내가 회사를 대표한다는 주인의식과 정직성 및 책임성이 요구된다. 그리고 이러한 예절에 대한 기본 요소를 통해 다음과 같은 직장인으로서의 마음가짐이 필요하다.

첫째, 자신만의 올바른 직업관이 필요하다. 물론 자신만의 직업관이라고 하여 사회적 가치에 위배되거나 다른 사람에게 피해를 주어서는 안 된다. 앞서 올바른 직업관에 대해서 이야기했지만 과연 지금 일하고 있는 회사를 어떤 수단으로 생각하는 것인지, 하기 싫은데 억지로 다니고 있는 곳인지, 아니면 나의 꿈과 목표를 위해서 즐겁게 다니고 있는지 생각해 보는 것이 중요하다. 올바른 직업관이 제대로 서야 직장 내에서의 말과 행동 역시 억지로 하는 것이 아닌, 마음에서 우러나오기 때문이다.

둘째, 직장에 대한 올바른 마음가짐을 갖추어야 한다. 직장은 하루 일과 중 3분의 2 이상을 보내는 소중한 삶의 공간이다. 따라서 지금 다니고 있는 직장을 다른 곳으로 가기 위해 일시적으로 거치는 곳으로 생각해서는 안 되며, 업무적 내용에 있어서나 다른 사람의 행동거지에 있어서나 내가 보고 배울 수 있는 것은 최대한으로 배워야 한다. 다른 사람이 잘하는 행동은 그대로 본받아 배우면 되는 것이고, 잘못된 행동은 그렇게 하지 않아야겠다 마음을 먹고 달리하면 되는 것이다. 또한, 단기적으로 내가 지금 고생하고 있다는 시각을 갖고 임할 것이 아니라 언젠가는 결실을 맺을 수 있다는 긍정적인 생각으로 직장에 다녀야 한다.

셋째, 적극적으로 업무에 참여해야 한다. 나와 관련이 없는 일은 없으므로 눈치를 보고 있다가 빠지려는 생각은 잘못된 것이다. 또한, 누군가의 지시에 의해서만 움직이려는 수동적인 자세도 버려야 한다. 장기적으로 접근하는 것이 아니라 당장의 내일만 바라보는 단기적 시각, 그리고 전체가 아닌 나만을 생각하는 좁은 시각을 버려야 한다.

넷째, 밝고 웃는 얼굴로 인사하여 항상 좋은 이미지를 남길 수 있도록 하며, 회사 내부의 직원도 고객이라고 생각하고 더욱더 친절히 대해야 한다. 옷차림과 외모는 자신을 드러내는 가장 쉬운 방법이므로 항상 단정함을 유지해야 한다. 복잡한 일일수록 혼자 임의로 판단하지 말고 주변과 상의하여 확인하고 조치해야 한다. 지시받은 일은 주어진 시간 내에 반드시 완수하도록 하고, 그렇게 하지 못했을 경우 반드시 사전에 보고하여 해결하도록 한다.

사례연구 ❶

리더의 성품

리더가 갖추어야 할 요건은 많지만 필수 요소로 책임감을 꼽고 싶다. 책임감이 없는 사람이 어떤 조직에 리더가 된다는 것은 곧 그 조직에게 어두운 미래가 다가온다는 것이기 때문이다.

미국에는 운영한지 100년 이상 된 노스드트롬(Norsdtrom)이라는 백화점이 있다. 가족경영으로 4대째 이어져 오고 있는 노스드트롬은 경영학 교과서의 모범 사례로 꼽히고 있으며 '고객 만족경영의 전설'로 불린다. 특히 백화점이라는 서비스업계의 특성상 고객을 대함에 있어서 친절함은 물론, 절대 'No'라는 말을 하지 않는 것으로 유명하다.

어느 날 노스드트롬을 찾은 한 신사가 향수 매장에서 부인에게 줄 선물을 찾고 있었다. 그런데 그 향수는 워낙 인기가 많은 상품인지라 신사가 갔을 때 백화점 내에 재고가 아예 없었다. 담당 직원은 신사에게 반드시 구해드리겠으니 조금만 기다려 달라고 말하곤 잠시 자리를 비웠다. 15분쯤 지났을까? 가쁜 숨을 내쉬면서 다시 돌아온 직원은 신사에게 그가 찾던 향수를 건네주었다. 알고 보니 직원은 아직 재고가 남아있던 다른 매장에 찾아가 사비로 고객이 원하는 향수를 구입해온 것이었다. 일반적으로 고객이 찾는 제품이 매장에 없을 경우 직원들은 "주문을 해 두겠으니 며칠 후에 다시 와 주십시오."라거나 "추후 집으로 배송해 드리겠습니다."라고 대응하는 경우가 많다. 하지만 노스드트롬의 직원은 자신의 노력과 정성, 그리고 시간을 투자하여 고객에게 최선을 다하였다. 이러한 직원 하나하나의, 그리고 경영진의 노력이 노스드트롬을 미국 내에서 가장 친절한 백화점으로 거듭나게 했다고 볼 수 있을 것이다.

최근 기업 인사 담당자를 대상으로 조사한 '채용하고 싶은 인재의 특징'으로 가장 많이 뽑힌 것이 책임감과 팀워크라고 한다. 혹여 당신은 일을 함에 있어서 '내가 할 일은 여기까지'라고 선을 긋거나 '내 일이 아니다'라는 생각을 하고 있지는 않은가? 그렇다면 그 기준은 누가 세운 것인가? 스스로의 기준을 다시 한번 되돌아보도록 하자.

◢ 교육적 시사점

자신이 맡은 일을 끝까지 수행하는 것이야말로 책임의 기본이며 공동체윤리의 핵심 가치이다.

사례연구 ❷

비즈니스 자리에서 '문자'하지 말아야 할 3가지 이유

중요한 비즈니스 미팅 중이라면 휴대폰은 잠시 잊는 편이 낫겠다. 무심코 보낸 문자 한 통에 상대의 마음이 당신에게서 떠나버릴 수 있다. 앞에 앉은 이가 여성 이거나 나이 지긋한 어른라면 더 신경을 써야 한다.

〈포브스〉는 미국에서 최근 이뤄진 조사를 인용해 회의 중에 휴대폰을 무음으로 해 놓거나 주머니 또는 가방에 넣어 둬야 할 3가지 이유를 제시했다.

첫 번째 이유는 '무례한 행동'이라 여겨지기 때문이다. 하워드대학과 USC 마샬경 영대학이 350여 명의 회사원을 대상으로 한 조사에 따르면 응답자 76%가 회의 중 문자를 보내는 사람을 '무례하다'고 여겼다. 전화를 받는 일을 '받아들일 수 없다'고 답한 비율은 87%에 이른다.

여성이 느끼는 불쾌감은 남성의 두 배에 달했다. 〈포브스〉는 전문가 말을 인용 해 "전화를 걸거나 받는 행동, 문자나 이메일을 쓰거나 보내거나 확인하는 것, 또 인터넷 이용은 공식적인 회의 자리에서 매우 부적절하다."라고 밝혔다.

약간의 차이는 있지만 비공식적 미팅에서도 문제는 여전했다. 응답한 남성의 절 반만이 사업차 함께하는 점심 식사 때 휴대폰 사용이 적절하다고 여겼다. 여성 의 경우 25%로 떨어진다. 연령별로도 시각차를 보였다. 30세 이하의 젊은이 중 66%가 점심 식사 중 문자나 이메일이 '괜찮다'고 답했지만 51~65세 어른들 중 이를 용인한 비율은 20%에 불과했다.

두 번째 이유는 회의 중 휴대폰을 사용하면 미팅의 가치가 떨어진다는 것이다. 서로 얼굴을 마주하는 미팅은 전화나 문자로 하는 소통보다 더 많은 노력과 시 간을 들여야 한다. 수천 마일을 비행기로 이동해야 하기도 한다.

〈포브스〉는 "그 공간에 있기 위해 쏟아진 시간과 노력을 존중해야 한다."라고 설 명했다. 당신이 단순히 '정보를 얻기 위해서'가 아니라 그 자리에 참여하기 위해 왔다는 것을 보여줘야 한다는 것이다.

세 번째 이유는 신뢰를 좌우하기 때문이다. 회의 중 휴대폰을 써서 보다 자기중심적인 사람이라는 인상을 주면 곤란하다. 회의 중 중요한 의사결정을 하는 역할일 경우 더욱 신경을 써야 한다. 문제를 해결하고 위기를 관리하면서 브레인스토밍을 하려면 목표를 공유하여 참석자들의 동의를 얻고 서로 돕는 데 집중해야 한다.

– 전자신문, 2013년 10월 28일자

교육적 시사점

사람과 사람 간의 관계에서 무엇보다도 중요한 것은 예의이다. 가족예절은 물론 직장 내에서도 지켜야 할 예의범절이 있음을 알고 실천해야 한다.

탐구활동

1. 【사례연구 1】을 읽고 담당 직원의 행동에 대한 자신의 의견을 작성해 보자.

2. 책임감의 중요성에 대한 자신의 의견을 작성해 보자.

3. 【사례연구 2】를 읽고 직장 내에서 회의 중 휴대폰을 사용하는 부하 직원이 있다면 어떻게 대처할 것인지 생각해 보고 이에 대한 자신의 의견을 작성해 보자.

4. 직장생활에서 지켜야 할 예절들 중 자신이 가장 중요하다고 생각하는 것과 그 이유를 작성해 보자.

학습평가

정답 및 해설 p.189

1   (   ) 안에 알맞은 말을 채워 넣으시오.

> 일반적으로 (   )은/는 '국가나 사회 또는 남을 위하여 자신을 돌보지 아
> 니하고 힘을 바쳐 애씀'이라는 의미를 갖고 있다. 또한 (   )은/는 '개인적
> 으로 남을 위하여 돕거나 시중을 듦' 또는 '생산된 재화를 운반, 배급하거
> 나 생산, 소비에 필요한 노무를 제공함'이라는 의미를 갖고 있다.

※ 친절 서비스 8계명과 관련된 내용이 맞으면 ○, 틀리면 ×에 ✓표시를 하시오. (2~9)

2   친절은 돈이 들지 않는다. (○, ×)

3   친절은 건강에 도움이 된다. (○, ×)

4   친절하면 남녀노소 누구나 좋아한다. (○, ×)

5   친절하더라도 작은 실수조차 눈감아 주지 않는다. (○, ×)

6   친절하면 경쟁에서 불리하다. (○, ×)

7   친절하면 많은 사람을 잃을 수 있다. (○, ×)

8   친절하면 정기적금과 같은 효과를 얻는다. (○, ×)

9   친절하면 성공하기까지 오랜 시간이 필요하다. (○, ×)

10   고객 접점 서비스에 대한 설명으로 바르지 않은 것을 고르시오.

　　① 사람과 사람이 만났을 때 첫인상이 중요하다.

　　② 사소한 것에서부터 고객의 판단이 결정된다.

　　③ 일상생활과는 관련이 없다.

　　④ 서비스의 질이 매출과 연결된다.

11 ( ) 안에 알맞은 말을 채워 넣으시오.

> 업무 협의나 회의 시 자신이 말한 발언 하나가 중요한 의사결정에 영향을
> 끼칠 수 있으며 이는 곧 회사의 이익으로 연결된다. 그리고 이는 곧 그 사
> 람의 경륜이요 실력으로 증명되어 버린다. 간혹 어떤 사람들은 의사결정
> 시 대충 넘어가려고 하거나 자신과 관련이 없다고 발뺌하는 경우도 있는
> 데, 이는 자신의 책임을 ( )하려고 하는 경우에 발생된다.

※ 준법에 관련된 내용이 맞으면 ○, 틀리면 ×에 ✓표시를 하시오. (12~14)

12 한두 번 정도는 규칙이나 법을 어겨도 된다. (○, ×)

13 사소한 규칙은 지키지 않아도 된다. (○, ×)

14 분명히 잘못된 일임에도 자각을 못하고 규칙을 어기는 경우가 있다. (○, ×)

15 ( ) 안에 알맞은 말을 채워 넣으시오.

> ( )은/는 남의 인격을 존중하고 경애하는 정신, 말, 행동을 나타내는
> 공동체의 규정이나 관계이다. 즉, 상대방에게 갖추어야 할 기본적인 말투나
> 몸가짐, 행동을 의미한다. ( )은/는 일상생활에서의 모든 일의 순서나
> 절차로 말투나, 몸가짐, 행동의 정해진 형식을 의미한다.

16 고객을 상대함에 있어 주의해야 할 내용으로 바르지 않은 것을 고르시오.

① 상대의 표정과는 상관없이 항상 미소를 유지한다.

② 턱을 너무 들거나 당기지 않는다.

③ 시선이 가파르지 않도록 고객과 적당한 간격을 유지한다.

④ 상대방의 눈과 눈 사이를 바라본다.

17   고객 응대 시 행동 요령으로 바르지 않은 것을 고르시오.

① 고객이 다가오면 눈을 마주보며 먼저 인사한다.

② 고객이 상담을 하러 오면 바로 상담을 시작한다.

③ 고객이 기다려야 할 경우 지루하지 않도록 음료 등을 준비한다.

④ 고객 요청 사항을 마쳤을 때 추가 용무를 확인한다.

18   다음과 같은 응대 요령이 필요한 고객 유형은?

> • 신속정확하게 응대하여 좋은 인상을 심어 준다.
> • 동작뿐만 아니라 "네, 빨리 처리하여 드리겠습니다." 등의 표현을 반드시 한다.
> • 언짢은 내색을 보이거나 원리원칙만을 내세우지 않는다.
> • 늦어질 경우 사유에 대해 분명히 말하고 양해를 구한다.

① 성격이 급한 고객

② 의심이 많은 고객

③ 흥분하는 고객

④ 말이 없고 온순한 고객

직장생활 매너를 지키자

교육 서비스를 제공하는 E기업은 주간 회의 때 자체 제작한 동영상을 전 직원이 함께 관람하는 시간을 가졌다. 주제는 '직장에서 지켜야 할 예절'로 손님 방문 시 예절과 전화 예절 등 직장인이라면 기본적으로 알고 있어야 할 직장생활 매너를 담았다. E기업이 동영상까지 만들어 직원들에게 직장생활 매너를 강조한 것은 직장인이라면 누구나 잘 알고 있을 것이라 생각하지만 의외로 지키기 어려운 것이 바로 직장생활 매너라는 점을 공감했기 때문이다.

A기업의 김승진 부장은 화장실에서 신입직원과 마주치게 되었는데 신입직원이 큰 소리로 90도 인사를 해 다소 민망했던 적이 있다. 직장생활에서 인사는 가장 중요한 기본 예의이지만 화장실에서는 가볍게 목례만 해도 된다.

이와는 반대로 입사 초반 쑥스럽다는 이유로 인사를 제대로 하지 않아 버릇없는 신입직원으로 오해를 받는 경우도 어렵지 않게 찾아볼 수 있다. D기업에 다니는 신입직원 윤지영 씨는 입사 후 자신을 대하는 주위 사람들의 태도가 점점 차가워지는 것을 느껴 선배에게 고충을 털어놓았다가 전혀 예상치 못한 얘길 들었다. 자신이 인사를 제대로 하고 다니지 않아 사내에서 평판이 안 좋다는 것이었다. 평소 낯가림이 심해 가볍게 목례만 하고 얼른 다른 곳으로 시선을 돌렸던 것이 화근이었다. 지영 씨는 이후 자신의 이미지를 좋게 만들기 위해 먼저 큰소리로 인사를 하고, 선배나 동료들과 사내에서 대화 시간을 늘리기 위해 노력해 주위 사람들과의 관계를 조금씩 개선할 수 있었다.

편한 사이라고 해서 '형'이나 '언니'라는 호칭을 쓰는 것도 자제하는 것이 좋다. 특히 여직원들의 경우 '언니'라는 호칭을 쓸 때가 많은데 사적인 자리에서는 큰 문제가 없지만 여러 사람이 함께 일하는 공간에서 이러한 호칭은 바람직하지 않으므로 '선배'라고 불러야 한다.

그 외에도 직장생활 속 매너는 인사 매너, 근무 매너, 대인관계 매너, 명함 매너, 통화 매너 등 각 상황에 따라 매우 다양하다. 이러한 매너들을 다 숙지하기란 쉽지 않겠지만 적어도 기본적으로 알아두어야 할 매너를 지킴으로써 프로페셔널 직장인이 되기 위해 노력하자.

– 에듀윌 양형남 대표, 전자신문. 2011년 9월 15일자

Tip

"SERVICE"의 7가지 의미

S(Smile & Speed): 서비스는 미소와 함께 신속하게 하는 것

E(Emotion): 서비스는 감동을 주는 것

R(Respect): 서비스는 고객을 존중하는 것

V(Value): 서비스는 고객에게 가치를 제공하는 것

I(Image): 서비스는 고객에게 좋은 이미지를 심어주는 것

C(Courtesy): 서비스는 예의를 갖추고 정중하게 하는 것

E(Excellence): 서비스는 고객에게 탁월하게 제공되어져야 하는 것

– 직업윤리 학습자용 워크북 pp.65~66,

국가직무능력 홈페이지(http://www.ncs.go.kr/ncs/page.do?sk=index)

제3절 올바른 직장예절

직장예절은 일상생활에서 평상시에 지켜야 할 예절과 다양한 상황 내에서 지켜야 할 예절로 구분된다. 이를 세부적으로 살펴보면 다음과 같다.

1) 일반적인 직장예절

① 출근시간은 필히 엄수

회사마다 규정에 따라 다르겠지만 일반적으로 8~9시 사이가 출근하는 시간이다. 하지만 정해진 시간보다 최소 15분 정도는 미리 도착할 수 있도록 여유 있게 출근해야 한다. 이렇게 하면 차량 정체 등 불가피하게 발생할 수 있는 지각 상황에 대비할 수 있으며, 하루 일과를 어떻게 보낼지 정리할 수 있다. 이 시간만 잘 활용해도 하루를 보다 효율적이고 여유롭게 보내는 것이 가능하다.

② 결근 시에는 본인이 직접 연락

몸이 갑자기 아프거나 개인적인 사정으로 출근하지 못할 경우가 생겼을 때는 반드시 본인이 회사로 연락해서 사유를 밝히고 이에 따른 조치를 받아야 한다. 한 사람이 결근한다는 것은 그 업무를 수행할 사람이 없다는 것이기 때문에 이를 회사에 미리 알려줌으로써 이에 대한 대비를 할 수 있도록 해 주어야 한다.

③ 친한 동료일수록 예의가 중요

회사 상사, 동료, 부하 직원과는 각기 다른 인사법과 예절이 있다. 시간이 지남에 따라 개인적인 친함이 자칫 직장 내에서의 예절에 비추어 보았을 때 과하게 드러나는 경우가 있다. 개인적 친함과 직장 내에서의 기본 예절은 반드시 구분해서 지켜야 한다.

2) 상황별 예절

① 악수 예절

악수는 남성이나 여성 모두에게 허용된 인사로 정착되어 있으며, 좋은 악수는 바람직한 인상을 만든다. 많은 사람들이 악수를 통해 상대방에 대한 인상을 느끼게 되고, 자신의 의미지도 다른 사람에게 인식시킨다. 따라서 좋

은 악수는 자신감을 나타내 주고 타인에 대한 관심을 표현하는 적절한 수단
이 된다.

- **매너 있는 악수법**: 오른손을 내밀어야 하며, 네 손가락을 모으고 엄지손
  가락을 올린 채 손바닥을 펴고 서로 미끄러지듯 들어가 가볍게 잡는다.
- **조심해야 할 점**: 상대방의 눈을 빤히 보고 있지는 않은가? 혹시 왼손잡
  이라는 이유로 왼손을 내밀고 있지는 않은가? 다른 한 손을 주머니에
  넣거나 뒷짐을 지고 있지는 않은가? 손이 축축하거나 더럽지는 않은가?
  손을 계속 잡고 있지는 않은가?

| 표 3-2 | 악수의 순서

악수를 청하는 사람	악수에 응하는 사람
여성	남성
지위가 높은 사람	지위가 낮은 사람
선배	후배
연장자	연소자
기혼자	미혼자
연장자 또는 파티의 호스트인 남성	여성

② **명함 교환**

명함은 깨끗한 것으로 명함지갑에 담아서 준비해야 하며, 면담 예정자 한
사람당 최소 3장 정도 준비해야 한다. 명함지갑은 꺼내기 쉬운 곳에 넣어 두
어야 하며, 받은 명함과 자신의 명함은 항상 구분해 둔다.

- **명함 건네는 법**
  - 고객보다 먼저 드린다(고객이 2인 이상인 경우에는 윗사람부터).
  - 고객이 보기 편한 방향으로 드린다.
  - 양손으로 명함의 여백을 잡고 소속과 이름을 정확하게 소개한다.
  - 목례를 하며 가슴선과 허리선 사이에서 내민다.
- **명함 받는 법**
  - 목례를 하며 공손하게 받는다(오른손으로 받고 왼손으로 받친다).
  - 동시에 주고 받을 때는 오른손으로 드리고 왼손으로 받는다.

　　－ 받는 명함은 허리 높이 이상의 위치에 있도록 들고 있고, 테이블 위에
　　　올려놓은 후 보면서 대화한다.
　　－ 혹시 모르는 한자는 "실례지만 어떻게 읽습니까?"라고 질문하여 바르
　　　게 읽도록 한다.

명함 1장으로 좋은 인상을 전달할 수 있다.
- 명함 안에 상대의 모든 것을 기록한다.
- 처음 명함 교환 시 만난 일자, 장소, 용건 등을 메모해 둔다.
- 회사명 아래에는 그 회사의 주력 산업분야, 매출 규모 등을 적어 두면 좋다.
- 친밀해지기 위해 여담으로 들은 취미나 기호 등을 메모해 둔다.

③ **좌석 배치**

회의실에서 방의 안쪽에 윗사람, 출입구 가까운 쪽에 아랫사람이 앉도록 한
다. 또한, 경치가 좋은 자리, 스크린이 잘 보이는 위치에 윗사람이 앉을 수
있게 하고, 소파일 경우 팔걸이가 있는 자리에 윗사람이 앉도록 한다.

손님을 안내한 후 의자가 모자라 급히 간이 의자를 준비하는 것은 피해야 한
다. 준비성이 없는 모습을 보여줌으로써 회사의 가치와 신용이 떨어지기 때
문이다. 미리 인원수를 파악하면 이상적이지만, 파악하기 어려우면 보조 의
자를 미리 준비하여 필요할 경우 초청자 측의 아랫사람이 사용하도록 한다.

회의실 배치와 승용차 좌석 배치

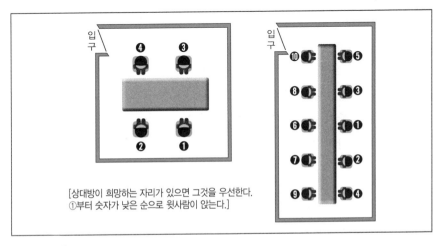

[상대방이 희망하는 자리가 있으면 그것을 우선한다.
①부터 숫자가 낮은 순으로 윗사람이 앉는다.]

| 그림 3-1 | 회의실 좌석 배치

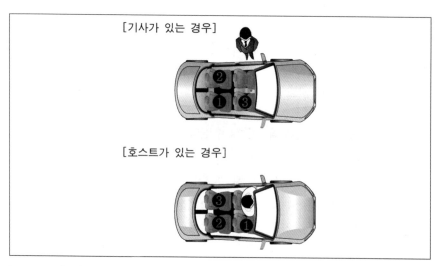

| 그림 3-2 | **승용차 좌석 배치**

④ e-mail(이메일) 예절

짧은 문장, 논리적 내용, 명확한 표현으로 예의를 지켜야 한다. 이메일은 최소 하루 2회 이상 체크하여 신속하게 답변해야 하고, 내용을 짐작할 수 있는 제목을 달아준다. 가급적 첨부 파일은 많이 보내지 않는 것이 좋으며, 받는 사람이 읽기 편하게 짧고 간결하게 작성한다. 이모티콘 사용은 자제하도록 하고, 형식적인 메일, 단체 메일 발송 시에는 신중을 기한다. 이메일은 얼굴이 보이 않는 수단이므로 감성적 표현과 문구에 세심한 신경을 쓴다.

⑤ 음주 예절

윗사람에게 술을 권할 때는 한 손으로 술병이나 술병의 손잡이를 잡고, 다른 한 손으로는 이를 받쳐 공손하게 술을 따른다. 윗사람이 술을 권할 때는 두 손으로 정중하게 받거나 왼손으로 잔을 받치고 오른손으로 공손하게 받는다. 연장자나 상사에게 먼저 잔을 권하며, 권하는 잔은 오른손으로 잡는다. 상대방이 술을 권할 때는 첫 잔은 거절하지 않고 받는 것이 예의이다. 술의 양은 잔의 80% 이상 90% 이하로 따르는 것이 적당하다.

취중에 해서는 안 되는 말이나 행동
- 밝혀서는 안 되는 업무상의 중요 사항
- 타인에 대한 정도를 넘는 험담
- 상사에 대한 지나친 아부

- 과도한 흥분이나 소란스러운 행동
- 성희롱 등

⑥ 식탁 예절

|표 3-3| **상황별 식탁 예절**

구분	예절
착석	• 남성은 자신의 자리 오른쪽 좌석에 여성이 앉도록 의자를 뒤로 빼내서 도와주고, 다른 여성이 다 앉은 다음에 자리에 앉도록 한다. • 손목을 식탁에 가볍게 얹는 것은 상관이 없으나 팔꿈치를 식탁 위에 올려놓는 것은 삼간다. • 팔짱을 끼거나 머리카락을 만지는 행동은 하지 않는다. • 양다리를 붙이고 의자의 뒤로 깊숙이 앉는다. • 식탁 밑에서 다리를 앞으로 뻗거나 흔들지 않는다. • 신발을 벗거나 의자에서 책상다리를 해서는 안 된다.
몸가짐	• 식탁에서 나이프나 포크를 들고 물건을 가리키는 행동을 삼간다. • 포크나 나이프를 들고 흔들며 대화하는 것은 예의에 어긋난다. • 식탁에서 지루하다고 몸을 틀거나 자주 시계를 들여다보는 것은 예의에 어긋난다.
대화	• 옆 사람 너머 멀리에 앉아 있는 사람과 큰소리로 이야기하지 않는다. • 혼자서만 대화를 독점하는 것도, 침묵하는 것도 예의가 아니다.
소지품	식사 도중 손가방은 자신의 등 뒤에 놓토록 하고, 식탁 위에 놓지 않는다.
생리현상 (재채기, 하품 등)	• 식탁에서 너무 큰소리를 내거나 크게 웃는 것은 피한다. • 실수로 재채기나 하품을 했을 경우에는 옆사람에게 "죄송합니다."라고 사과한다. • 가급적 식탁에서 트림은 삼간다.
용모 정리	• 이쑤시개가 준비되어 있더라도 식탁에 앉아서는 사용하지 않는다. • 식후에 식탁에서 화장을 고치지 않도록 하고 필요한 경우에는 화장실을 이용한다.
포크와 나이프 사용법	• 준비된 포크와 나이프는 주요리 접시를 중심으로 바깥쪽부터 안쪽으로 하나씩 사용하도록 한다. • 포크는 왼손에, 나이프는 오른손에 잡는 것이 바른 방법이지만, 만약 불편한 경우 음식을 자른 뒤 나이프는 접시 위에 놓고 왼손에 든 포크를 오른손으로 옮겨 잡고 음식을 먹어도 무방하다. • 식사가 끝났으면 포크와 나이프를 가지런히 접시 위 오른쪽에 얹어 놓는다.

빵/스프 먹는 법	• 빵 접시는 자신의 왼쪽에 두고, 물컵은 오른쪽에 놓는다. • 빵은 나이프를 쓰지 않고 한입에 먹을 만큼 손으로 떼어 먹는다. • 빵은 스프가 나온 후에 먹기 시작하고, 디저트가 나오기 전에 마친다. • 소리를 내면서 스프를 떠먹지 않도록 주의한다.
손으로 음식을 먹는 경우	• 식탁에서는 반드시 나이프와 포크를 써서 음식을 먹는 것이 원칙임을 잊지 않는다. • 특별히 새우나 게의 껍질을 벗길 때는 손을 쓰지만, 이 경우도 핑거볼(Finger Bowl)이 나오면 손가락을 씻는다(디저트를 마친 후 핑거볼이 나오면 손가락만 한 손씩 씻는다. 손 전체를 집어넣거나 두 손을 넣는 것은 피한다). • 작은 생선뼈를 입속에서 꺼낼 때는 포크로 받아서 접시 한편에 놓도록 한다.
섭취 속도	• 먹고 마시는 것은 자연스럽고 적당한 양을 유지한다. • 식사 속도는 가급적 손님들과 보조를 맞추어 끝마치도록 한다.
스테이크 먹는 법	스테이크를 주문할 때는 자신의 기호에 따라 주문한다. – Rare: 아주 덜 익은 – Medium: 중간 정도 익은 – Medium Rare: 조금 덜 익은 – Well–Done: 잘 익은

⑦ 조문 예절

- 옷 차림은 검정색 계통의 정장으로 하고, 가급적 검정 넥타이, 검정 구두를 착용한다(정장이 아닌 경우 수수한 평상복, 여성은 짙은 화장이나 액세서리를 삼간다).
- 상가에 도착하면 코트 등은 문 밖에서 벗고 들어간다.
- 조객록에 서명하고 부의를 전한다.
- 영정 앞에 무릎을 꿇고 앉아 분향을 한다.
- 장일과 장지를 묻는다.
- 유족에게 고인의 사망 원인이나 경위를 상세히 묻는 것은 실례가 된다.
- 상가에서는 유가족의 슬픔을 위로하고 돌아가신 이의 추억담으로 고인을 추모하는 의미에서 친척과 친지들이 모여 밤샘을 하게 된다. 이때 지나친 웃음 등으로 엄숙한 분위기를 해치지 않도록 한다.
- 밤을 샐 경우에는 미리 상제(喪制)에게 밤샘의 뜻을 알리고, 어려운 일이나 도울 일을 맡아 돕는 것이 좋다.

- 기독교 장례의 경우 향을 피우지 않고 꽃으로 헌화를 대신하기도 한다. 헌화를 할 때는 꽃의 줄기 끝이 영정 앞으로 가도록 놓는다.
- 영정을 향해 두 번 절을 한다(기독교식 장례의 경우 눈을 감고 묵념 기도).
- 한 걸음 물러나 상제와 맞절하고 조상인사를 한다.

향목(香木)과 선향(線香)

- **향목**: 왼손으로 오른손을 받치고 오른손의 엄지와 검지로 향을 집어 향로 속에 넣는다.
- **선향**: 한두 개 집어서 불을 붙인 다음 왼손을 흔들어 끈 후, 향로에 정중히 꽂고 일어선다. 향을 불거나 위아래로 흔들면 예의에 어긋난다.

인사의 예

- "상사에 얼마나 애통하십니까?"
- "병환이 위중하시다는 말씀 들었습니다만 이렇게 돌아가실 줄이야 누가 알았겠습니까?"

사례연구 ❶

고객이 알아서 문제를 해결하기 시작했다

상품을 배송받고 단순히 만족을 못해 불만을 느끼면 이를 적극적으로 표현한다. 쇼핑몰에 전화해서 불만족한 부분이 무엇인지를 정확히 짚거나 소비자보호원을 통해 쇼핑몰 운영자를 압박하기도 한다. 그마저 만족하지 못했다면 블로그에 쇼핑몰 비난을 상세히 올리고 여러 사람에게 전파하는 것도 서슴지 않는다. 이전에 비해 확실히 호전적인 소비자가 많아진 것이다.

최근 들어 쇼핑몰 구매 고객에 대한 체계적 접근을 하는 쇼핑몰이 늘어나고 있는데 가장 큰 변화가 있다면 접수대장을 고객의 유형별, 항의의 정도, 반품이나 교환이 특히 많았던 거래처의 상품군, 택배 배송 기간의 지역적 특성까지 파악하여 고객 응대에 임하는 것. 초반의 상담 내용은 여과하지 않고 접수대장에 직접 적고 이를 엑셀데이터에 정리한 뒤 데이터를 만들어 게시판 응대나 전화 상담에 활용한다. 이를 통해 기존 구매 고객의 경험을 재활용하여 쇼핑몰에 악영향을 줄 수 있는 불필요한 고객 경험을 사전에 차단하는 것이다.

가장 기억에 남았던 쇼핑몰 운영자는 새로운 제품을 내놓고 판매가 이루어질 때 배송 전에 연락하여 구매 이유를 묻는 경우였는데 예상외로 많은 소비자가 경쟁사의 차이점, 선택한 상품의 기대치, 앞으로 다루었으면 하는 내용을 알려주었다고 한다. 이는 그대로 새로운 제품에 반영되었고 자신이 선택한 상품보다 알려준 정보를 토대로 구성한 상품이 더 좋은 결과를 얻을 수 있었다. 타 쇼핑몰 입장에서 보기에 받는 전화도 버거운 와중에 고객에게 전화해 어이없이 설문조사를 한다고 생각할 수 있지만 아직까지 좋은 반응을 얻고 있는 것은 물론이고 정체된 매출에도 도움이 되어 지금은 직원을 시키지 않고 운영자가 직접 나서고 있다.

이는 소비자가 문제를 알아서 해결하려는 호전적인 특성을 미리 파악하는 것과 같다. 상품의 장점이 있다면 단점도 있기 마련인데 해당 단점이 매출에 직결될 만한 이유가 되는지 고객과의 소통을 통해 습득하는 것이다.

– 쇼핑몰의 고객접점이란?,
nowAnd 홈페이지(http://www.nowand.com/common/design/template/page.asp?num=2)

교육적 시사점

비록 지금 당장은 번거로운 일이지만 궁극적으로 보면 남들이 하지 않는 방법을 사용하여 일의 원인을 분석하고 그것을 개선시키려는 노력을 하였다는 점이 돋보인다.

사례연구 ❷

성공과 행복의 열쇠

A은행 앞에는 한 남자가 운영하는 붕어빵 가게가 있었다. 1년 내내 동일한 위치에서 사람들에게 붕어빵을 팔고 있는 그는 누가 보아도 초라한 행색을 하고 있었고, 가난해 보였다. 특히, 계절이 바뀌어도 변하지 않는 옷차림은 그의 형편을 짐작케 했다.

그러던 어느 날 A은행에 신입사원이 들어왔다. 신입사원은 출퇴근길에 늘 마주하는 붕어빵 가게가 항상 마음에 걸렸다. 은행 앞에 떡하니 위치해 있는 것도 찜찜했고, 그 자리만 비워도 차량 한 대 정도는 주차할 수 있는 공간이 생길 것 같다는 생각이 들었다. 은행을 오가며 한 달여간 붕어빵 가게를 지켜보던 신입사원은 어느 날 붕어빵 가게의 남자에게 다가가 말을 걸었다.

"저는 이 은행 신입사원입니다. 한 달 전부터 이 가게를 지켜봤는데 은행 앞에 있으니 상당히 거슬리더군요. 은행 고객들께서도 불편해 하시고요. 그러니 이 공간을 당장 비워주세요. 그러지 않으면 철거되도록 조치를 취하겠습니다."

그러자 붕어빵 주인은 신입사원에게 그동안 여기서 아무런 문제없이 장사를 했고, 본인이 수십 년째 이곳에 살고 있는 지역 주민이라는 등 본인의 사정을 이야기하며 장사를 할 수 있도록 해달라고 했다. 그런 남자의 말에 신입사원은 반박했다.

"아니, 나가라면 나갈 것이지 왜 이렇게 말이 많아요?"

신입사원의 말에 남자가 가까이 다가오자 신입사원은 남자를 밀쳤다. 바닥에 쓰러져 한참을 가만히 있던 남자는 힘겹게 일어나 신입사원에게 잠시만 기다려 달라는 말을 남기곤 은행 안으로 들어갔다. 신입사원은 '이 사람이 은행에서 행패를 부리려나 보다'란 생각이 들어 냉큼 남자를 따라 은행으로 들어갔다.

잠시 후 은행 안에서 놀라운 광경이 펼쳐졌다. 지점장이 직접 나와 남자를 맞이한 것이었다. 남자는 지점장의 안내를 받는 둥 마는 둥하며 창구로 가서는 본인이 맡겨 놓았던 30억 원의 돈을 모두 인출하겠다고 말했다. 알고 보니 남자는 은행의 가장 큰 고객 중 한 명이었던 것이다. 이 사실을 안 신입사원은 놀라 남자에게 연신 죄송하다고 사과를 했지만, 남자는 자신의 뜻을 굽히지 않고 돈을 모두 인출해 근처에 있던 B은행에 맡겼고, 그 후로는 항상 A은행 앞을 지키고 있던 붕어빵 가게도 볼 수 없게 되었다.

◢ 교육적 시사점

사람을 대하는 일에 있어서 상황에 따라 고집만을 내세우지 않고 상대를 배려하여 갈등상황을 해결할 수 있는 능력이 필요하다.

탐구활동

1. 【사례연구 1】을 읽고 해당 기업이 성공할 수 있었던 이유를 작성해 보자.

2. 【사례연구 2】를 읽고 만약 자신이 붕어빵 가게 주인이라면 어떻게 행동할지 작성해 보자.

3. 【사례연구 1】, 【사례연구 2】를 통해 자신이 생각한 고객 서비스 마인드란 무엇인지 작성해 보자.

학습평가

정답 및 해설 p.189

1   일반적인 직장예절로 바르지 않은 것을 고르시오.

　① 출근시간은 필히 엄수한다.

　② 상대에 따라 다른 인사 예절을 적용한다.

　③ 결근 시에는 본인이 직접 연락한다.

　④ 친한 동료 간에는 허물없이 지내도 된다.

2   악수 시 주의해야 할 사항으로 바르지 않은 것을 고르시오.

　① 손을 계속 잡고 있지는 않은지 주의한다.

　② 한 손을 주머니에 넣고 있지는 않은지 주의한다.

　③ 손이 축축하거나 더럽지 않은지 주의한다.

　④ 오른손을 내밀고 있지는 않은지 주의한다.

3   명함을 건네는 방법으로 올바른 것을 고르시오.

　① 고객이 먼저 명함을 줄 때까지 기다린다.

　② 양손으로 명함의 여백을 잡고 소속과 이름을 정확하게 소개한다.

　③ 고객이 2인 이상인 경우 가까이 있는 사람부터 건넨다.

　④ 명함의 방향과 관계없이 건네도 무방하다.

4   이메일 예절에 대한 내용으로 올바른 것을 고르시오.

　① 구구절절한 문장으로 세부적인 설명을 한다.

　② 최소 하루 2회 이상 이메일을 체크하여 신속하게 답변한다.

　③ 내용과 무관한 제목으로 작성하여도 무방하다.

　④ 과도한 이모티콘은 친밀감을 표시하므로 긍정적인 효과를 가져온다.

5 취중에 해서는 안 되는 행동으로 적절하지 않은 것을 고르시오.

① 상사에게 술 권유를 하는 행동

② 상사에 대한 지나친 아부

③ 타인에 대한 정도를 넘는 험담

④ 과도한 흥분이나 소란스러운 행동

6 악수를 먼저 청하는 대상자로 바르지 않은 것을 고르시오.

① 여성과 남성 중 여성

② 선배와 후배 중 후배

③ 연장자와 연소자 중 연장자

④ 기혼자와 미혼자 중 기혼자

7 좌석 배치 시 윗사람이 앉는 자리로 바르지 않은 것을 고르시오.

① 출입구 쪽

② 경치가 좋은 자리

③ 스크린이 잘 보이는 자리

④ 팔걸이가 있는 소파

8 조문 시 예절로 올바른 것을 고르시오.

① 상가에 도착하면 코트를 벗지 않고 바로 들어간다.

② 영정 앞에 서서 분향을 한다.

③ 향을 불어 끈 후 향로에 정중히 꽂는다.

④ 장일과 장지를 묻는다.

MK택시의 고객만족경영

MK택시회사는 1995년에 타임지 선정 최고의 서비스 기업 1위로 선정되었습니다. 또한, 1인당 급여가 택시기사 기준 세계 최고인 기업 1위로도 선정되었습니다.

10대의 택시와 24명의 택시기사로 시작된 택시회사가 이제는 택시의 새로운 서비스 문화를 만들고 택시기사가 아닌 전문인을 양성하는 일본 최고의 기업으로, 세계 최고의 서비스 기업으로 성장하였습니다.

참고로 MK의 설립자는 경남 남해 출신의 재일교포인 유봉식 사장님이신데요, 한국사람으로서 서비스 강국인 일본의, 최고 서비스 기업을 만드셨다니 정말 자랑스럽습니다.

그렇다면 MK는 어떻게 세계가 인정한 최고의 기업이 되었는지 알아볼까요?

1. MK는 기사들이 학사 출신이고 월급제입니다.
  – 월급제는 승차 거부현상을 없애는 좋은 방법이 되었습니다.
2. MK의 모든 기사들은 유니폼을 입습니다.
3. MK는 고객이 내릴 때 차에서 내려 문을 열어 드립니다.
4. MK는 기사가 4대 인사 용어 중 하나라도 빠뜨렸을 경우에는 요금을 받지 않습니다.
  1) "MK입니다. 감사합니다. 어디까지 모실까요?"
  2) "○○○로 가시는 것이 맞습니까?(복창)"
  3) "오늘은 ○○○(기사분 이름)가 모십니다."
  4) "감사합니다. 잊으신 물건은 없으십니까?"
5. MK는 장애인 우선승차를 합니다.
6. 요금은 일반 택시보다 10%가 저렴합니다.
7. MK는 철저하게 서비스 교육을 시킵니다.

이렇게 MK는 제가 말씀 드린 것 말고도 여러 가지 감동 서비스를 제공하고 있습니다.

중요한 것은 이렇게 MK가 내부 직원을 변화시키고 고객들의 만족을 얻기까지 10년 (1960~1970년)이 걸렸다는 겁니다.

역시 고객만족경영에서 가장 중요한 것은 CEO의 경영철학이지요.

– 고객만족경영성공사례_일본의 MK택시, 하오산동 홈페이지(http://www.haoshandong.net)

Tip

고객 만족 실패 사례: Coka Cola Classic과 New Coke

펩시콜라에게 시장점유율을 빼앗긴 코카콜라는 이를 만회하기 위하여 새로운 맛의 콜라를 만들어 냈다. 그리고 새로운 맛의 콜라, 기존 코카콜라, 펩시콜라에 대해 소비자의 반응을 알아보기 위하여 콜라의 이름을 알려 주지 않은 채 200,000건에 달하는 콜라 맛 테스트를 실시하였다. 그 결과 맛에 있어서 새 콜라가 기존 코카콜라는 물론 펩시콜라보다 맛이 좋다는 평이 압도적으로 많았다. 이에 따라 코카콜라 회사는 기존 콜라의 생산을 중단하고 새로운 콜라를 생산, 시판하였다. 그러나 소비자들은 기존 콜라를 찾았으며 시애틀의 한 소비자 단체에서는 옛날 콜라 맛을 되돌려 달라는 소비자 운동까지 벌였다.

이에 코카콜라 회사는 기존 콜라를 Coka Cola Classic, 새로운 맛의 콜라를 New Coke라 하여 동시에 판매하게 되었다. 그런데 어찌된 영문인지 Coka Cola Classic이 New Coke보다 더 잘 팔렸으며 맛이 우월하다는 펩시보다도 코카콜라가 더 많은 매상을 올렸다. 이처럼 마케팅에서는 알 길이 없는 고객의 마음을 "Brand name and image affect taste(상품명과 이미지가 맛에 영향을 미친다)."라고 표현한다.

울워스의 고객심리 파악 실패 사례

'울워스'라는 미국의 쥐덫 판매 회사가 있었다. 초기 울워스에서는 쥐덫을 나무로 만들었고, 사람들은 그 쥐덫에 쥐가 걸리면 쥐와 함께 쥐덫을 함께 쓰레기통에 버리곤 했다. 이후 울워스는 연구개발을 거듭하여 플라스틱으로 만들어진 쥐덫을 출시했다. 플라스틱 쥐덫은 기존에 나무로 된 쥐덫보다 다소 비싸긴 했지만, 더 많은 쥐를 잡을 수 있었으며 무게가 가볍고, 색상도 깔끔해 초기에는 소비자들에게 기존 나무 쥐덫보다 각광을 받았다. 하지만 이런 초기의 인기와 다르게 점차 소비자들은 나무 쥐덫을 다시 선호하기 시작했다. 이는 플라스틱 쥐덫의 특성 때문이었다. 깔끔한 플라스틱 쥐덫은 소비자들이 쥐를 잡은 이후에도 그냥 버리기 아깝다는 생각이 들게 했다. 소비자들은 잡힌 쥐를 빼서 버리고 쥐덫을 깨끗이 씻으면 재활용할 수 있다고 판단했다. 그러나 쥐를 빼는 작업은 생각보다 번거로운 일이었고, 이를 거듭하던 소비자들이 플라스틱 쥐덫에 싫증을 느껴 다시 나무 쥐덫을 찾기 시작한 것이다. 결국 플라스틱 쥐덫은 물론 플라스틱 쥐덫보다 늦게 출시되고 더욱 기능이 뛰어났던 다른 쥐덫조차도 소비자들의 호응을 얻지 못하고 실패의 길을 걷게 되었다.

제4절 남녀 간의 성예절

최근 직장, 학교, 회사 등에서 성희롱 문제가 수면 위로 끊임없이 등장하고 있다. 특히, 사회지도층은 물론 일상생활을 하는 직장 내에서 상사에 의한 성희롱은 과거보다도 현대 사회에 와서 더욱더 드러나는 경우가 빈번하다. 과거에는 가해자인 상사나 남성이 상대적 우위에 있다는 이유로 그냥 덮고 가거나 참는 경우가 많았으나 이제는 그렇지 않기 때문이다. 특히 여성의 사회적 진출이 활발해지면서 이제는 남성과 여성이 동등한 위치에서 어느 정도 평등한 관계에 있을 수있게 되었고, 서로를 동등한 존재로 바라보는 시각이 확대되었기 때문이다. 그럼에도 불구하고 이러한 사건·사고가 빈번하게 발생하는 것은 남녀 간에 지켜야할 예절의 개념이 제대로 정립되어 있지 않아서, 혹은 알고 있음에도 불구하고 아직까지도 잘못된 의식을 갖고 남성 혹은 여성을 직장 동료가 아닌 이성으로만 대하려고 하는 그릇된 가치관을 갖고 있기 때문이다.

직장 내에서 발생하는 성희롱은 피해 근로자는 물론이거니와 행위자와 기업 모두에게 피해를 가져다 준다. 피해 근로자는 가해자로부터 당한 정신적·육체적 폭력으로 인한 극심한 스트레스와 불안감으로 업무 생산성이 저하될 수 있다. 성희롱의 가해자는 개인적 죄책감과 함께 기업 및 사회로부터 받는 질책과 비난으로 인한 심리적 불안감, 경력상의 오점 등으로 인해 이후의 사회생활에 큰 타격을 입게 된다. 기업에서는 관련 문제로 인한 근로자들의 생산성 저하로 피해를 입을 수 있으며 법적인 문제가 발생할 경우 이에 대한 소송 비용과 대내외적 이미지 손상으로 기업 경쟁력이 저하되는 등의 문제가 발생할 수 있다.

즉, 성희롱이라고 하여 단순 가해자와 피해자만의 피해가 아니라 장기적으로 보았을 때 이를 둘러싼 기업과 사회적 환경 모두에 궁극적으로 좋지 않은 결과를 가져오는 것이다.

그러나 실제 피해를 당한 사람들의 경우 이에 대해 적극적으로 구제를 받기가 쉽지가 않으며 상당히 소극적인 태도를 취하고 있다. 취업포털 미디어통(2012. 08)이 피해자 대응 방법 실태를 조사한 결과 '피하는 게 상책'(59.3%), '주변 동료나 인사 담당자에게 말해 도움 요청'(24.2%), '외부 기관에 신고'(4.2%), '회사 사직'(2.5), '기타'(9.8%)와 같은 답변이 나왔다. 또한, 여성가족부의 2012년 공공기관 성희롱 실태 조사에 따르면 응답자의 92.9%는 '그냥 참는다'는 답변을 했다. 그렇다면 왜 직장 내 성희롱 발생 후 피해자는 적극적으로 대처하지 못하는 것일까? 그 이유는 다음과 같다.

- 직장 내 인간관계, 직장생활이 힘들어질 것을 우려해서(보복, 왕따 등)
- 일상적인 일이라 항의해도 소용없다고 생각해서
- 어떻게 해야 할지 대처 방법을 몰라서
- 대처했다가 인사 고과에 악영향을 미칠까봐
- 이상한 여자로 소문날까봐
- 성희롱인지 아닌지 애매해서
- 대부분 대처하는 것보다 피하는 경우가 많아서

이는 우리 사회에서 아직도 성희롱·성폭력이 공식적으로 드러내기 쉽지 않은 영역이라는 것을 보여준다. 그렇기 때문에 피해자가 스스로의 불이익을 우려하고 공개하기를 꺼리는 경우가 많은 것이다. 따라서 이들에게 필요한 것은 정확한 지식과 주변인들의 적극적인 도움이다.

1) 성희롱의 개념

그렇다면 어떤 행동을 성희롱이라고 볼 수 있을까? 성희롱, 성추행, 성폭행, 성폭력은 어떻게 다른 것일까?

- **성희롱**: 성과 관련된 말과 행동으로 상대방에게 성적 굴욕감이나 수치심을 느끼게 하는 행동이며, 이와 관련된 육체적·언어적·시각적 행위를 포함한다.
- **성추행**: 상대방이 성적 수치심을 느낄 정도로 강제로 신체 접촉을 하는 것을 의미한다.
- **성폭행**: 폭행이나 협박을 수단으로 하여 상대의 동의 없이 강제로 성관계를 맺는 일을 일컫는다.
- **성폭력**: 상대방의 의사에 반하여 가하는 모든 신체적·언어적·정신적 폭력을 포괄하는 광범위한 개념으로 직간접적 행위를 모두 포함한다.

이를 통해 보았을 때 성희롱은 성추행이나 성폭행과 유사하지만, 그 정도에 있어서는 직접적인 행동을 통해서 성적 불쾌감을 유발하는 것 뿐만 아니라 피해자에게 간접적으로라도 불쾌한 감정을 느끼게 한 것도 해당하는 것임을 알 수 있다.

직장 내에서의 성희롱은 상대방에게 지위나 업무 등을 매개로 하여 피해자에게 성적 굴욕감이나 혐오감을 주는 행위로, 직장이라는 환경을 악용한 것이다. 따라서 직장 내 성희롱의 핵심은 '권력(Power)'에 있는 것이다. 성희롱이란 용어는 1974년 미국 코넬대학의 여성 운동가 린 파멀리(Lin Farley)가 직장에서 상사가 부하 직원에게 성적인 말과 행동을 하고 이로 인해 고용상의 불이익을 겪었던 학생들의 경험담을 들은 것을 계기로 세미나에서 처음 사용해 알려지게 되었다.

성희롱의 피해자는 여성만 있는 것이 아니다. 2012년 국가인권위원회의 성희롱 진정 사건 조사 및 처리 현황에 따르면 전체 사건 중 여성이 1,061건(92.1%), 남성이 54건(4.7%)으로 남성 피해자가 엄연히 존재하는 것으로 나타났다. 즉, 여성 피해자가 많다고 해서 남성을 가해자, 여성을 피해자로 무조건적으로 여기는 경향도 조심해야 한다.

다음의 사례를 통해 보다 구체적인 성희롱의 사례에 대해서 알아보자.

• 직위를 이용한 성희롱

> **[업무용 웹하드에 올라온 음란 동영상… 그 여자랑 닮았다고?]**
> "평소 사장님이 '어깨 좀 주물러 봐', '뽀뽀해 줘'라고 하고 근무 시간 이후에도 수시로 업무와 무관한 내용의 전화를 하거나 문자 메시지를 보내곤 했어요. 하루는 업무용 웹하드에 올라온 음란성 동영상을 저한테 보라고 했어요. 그리고 동영상에 나오는 여성이 저랑 닮았다는 거에요. 정말 성적 굴욕감이 들었어요."
> – 2009년 국가인권위원회 성희롱 권고결정 사례집(제2권) p.149 각색

위의 사례에서 사장은 해당 여직원에게 평소 지속적으로 성희롱을 일삼았으며 음란 동영상을 고의로 노출하고, 음란 동영상에 나온 여성과 닮았다고 여직원에게 성희롱을 했으며 이후 여직원은 해당 기업을 퇴사했다.

• 여성 대표에게 성희롱 당한 남성 피해자

> **[남편과 자식을 두고 날 사랑한다고?]**
>
> "나는 너무 불쾌해요. 남편과 자식이 있는 사람이… 부하 직원 뽑아 놓고, 그렇게 싫다는데도 불구하고 불쾌하게 계속 제가 아는 사람들 앞에서도 벌써 세 번째예요. 그때 천안에서 나를 덮치려고 했을 때, 그때 이후에 내가 분명 싫다고 얘기했으면 더 이상은 그런 행동은 하지 말아야 되는 거고, 또 다시 내가 아는 사람들 앞에서 내가 분명히 앞으로 그런 행동하지 마라, 난 그런 식으로 하면 일 못하니까 앞으로 하지 말라고 했는데도 불구하고 계속…"
>
> – 2009년 국가인권위원회 성희롱 권고결정 사례집(제2권) p.158 각색

위의 사례에서 여성 대표는 남자 부하 직원에게 반복적으로 신체적 접촉 행위를 하였고, 결국 피해자는 성적 굴욕감과 혐오감을 느끼고 직장을 그만두었다.

2) 직장 내 성희롱의 유형

직장 내에서 발생하기 쉬운 성희롱을 유형별로 구분하면 다음과 같다.

① 육체적 성희롱

- 입맞춤이나 포옹, 뒤에서 껴안기 등의 신체적 접촉 행위
- 가슴, 엉덩이 등 특정 신체 부위를 만지는 행위
- 안마나 애무를 강요하는 행위

② 언어적 성희롱

- 음란한 농담이나 음탕하고 상스러운 이야기를 하는 행위
- 외모에 대한 성적인 비유나 평가를 하는 행위
- 성적 관계를 강요하거나 회유하는 행위
- 회식 자리 등에서 무리하게 옆에 앉혀 술을 따르도록 강요하는 행위
- 성적 사실관계를 묻거나 성적인 내용의 정보를 의도적으로 유포하는 행위

③ 시각적 성희롱

- 음란한 사진, 그림, 낙서, 출판물 등을 게시하거나 보여주는 행위
- 성과 관련된 자신의 특정 신체 부위를 고의적으로 노출하거나 만지는 행위

④ 기타

사회 통념상 성적 굴욕감이나 혐오감을 유발하는 것으로 인정되는 언어나 행동

여성가족부의 2012년 공공기관 성희롱 실태 조사 결과에 따르면 외모에 대한 평가, 성적인 비유, 술을 따르도록 강요한 언어적 성희롱(76.3%)이 가장 많았으며, 술자리에서의 어깨동무, 마사지 요구 등 신체적 성희롱(53.9%)이 두 번째, 음란한 사진 등을 보여주거나 신체 특정 부위를 노출하는 등 시각적 성희롱(26.3%)이 그 뒤를 이었다. 즉, 일상생활에서의 대화 속에서 가장 많이, 그리고 회식자리 등 일과 관련된 모임 속에서 가장 빈번하게 성희롱이 발생하고 있는 것이다.

3) 직장 내 성희롱의 대처 요령

현행법에서 규정하는 성희롱은 업무나 고용관계 및 공공기관 등에서 발생되는 것을 전제로 하고 있다. 그리고 이와 같은 피해를 막기 위하여 다음과 같은 다양한 예방책을 제시하고 있다.

- **직장 내 성희롱 금지 의무**: 사업주나 상급자, 또는 근로자는 성희롱을 하여서는 안 된다.
- **직장 내 성희롱 피해자 등에 대한 불이익 조치 금지**: 사업주는 피해 근로자가 상담, 고충의 제기 또는 관계기관에 진정, 고소 등을 한 것을 이유로 피해 근로자에게 고용상의 불이익 조치를 하여서는 안 된다.
- **직장 내 성희롱 예방교육 실시 의무**: 사업주는 직장 내 성희롱을 예방하고 근로자가 안전한 근로 환경에서 일할 수 있는 여건 조성을 위해 직장 내 성희롱 예방을 위한 교육을 매년 1회 이상 실시하여야 한다.
- 사업주는 직장 내 성희롱 발생이 확인된 경우 지체 없이 행위 자체에 대하여 징계, 그밖에 이에 준하는 조치를 취하여야 한다.
- **자율적 해결을 위한 장치 마련**: 사업주는 성희롱에 관련된 근로자의 고충을 상담, 처리할 수 있는 고충 처리 기구와 그 절차를 마련하여야 한다.

위와 같은 다양한 법규와 규제 등으로 성희롱을 예방한다고는 하지만 같은 직장에서 같이 근무했다는 이유로 혹은 이를 밝힐 경우 피해를 입을까봐 등으로 쉬쉬하는 직장 분위기가 일반적이다. 특히, 직장 내 성희롱은 동료나 후배 직원에 의해서도 발생할 수 있지만, 주로 직장 상사에 의해 발생되기 때문에 해당 직위가 가진 권위에 눌려 더욱더 표출하기가 힘들다.

실제로 직장 내 성희롱 가해자들이 사건 발생 시 주로 하는 말은 "성희롱의 의도가 없었다.", "그 행동이 성희롱에 포함되는지 몰랐다." 등이다. 더군다나 직장 내에서만의 성희롱이 아닌 워크샵, 교육, 회식, 사적인 만남 등 회사 이외의 장소와 상황에서 발생한 것 역시 성희롱에 포함되기 때문에 실제로 발생되는 성희롱은 훨씬 더 많다. 그러나 가장 중요한 것은 성희롱을 판단하는 기준이 피해자, 즉 '당한 사람의 불쾌감'에 있다는 것이다. 설사 가해자가 그런 의도나 고의성이 없다고 하더라도 당한 사람의 입장에서 불쾌감을 느꼈을 때에 이는 엄연히 성희롱에 해당한다.

- 치마를 입고 온 여직원에게: "30대가 됐는데 웬 미니스커트래~ 긴 치마를 입어야 하는 것 아닌가?" (성희롱으로 판결이 난 실제 사례)
- 건장한 체격의 직원에게: "운동 많이 했네~ 애인이 좋아하겠네~"
- 휴게공간, 여직원이 있는 자리에서: "새로 나온 걸그룹 봤어? 어후~ 아주 시원하고 착하던데?"
- 회의 시작 전 공개 석상에서 여직원에게: "주말에 남자친구랑 여행 다녀왔다며? 당일치기 맞아?"
- 공공장소에서 나이를 알게 된 여직원에게: "난 나보다 누난 줄 알았네, 역시 여자는 결혼하면 훅 간다니까~"

위의 대화는 실제 성희롱으로 판결이 난 사건과 일상생활에서 충분히 문제가 생길 수 있는 이야기를 사례로 보여 준 것이다. 다음의 또 다른 사례를 통해 현재 법으로 규정하는 성희롱에 해당하는 상황을 판단해 보자.

- Case 1: 여직원에게 "여자는 커피만 잘 타도 된다."라고 말했다.
- Case 2: 여성의 나체 사진을 휴대폰 배경화면으로 바꾸고 여직원에게 자랑했다.
- Case 3: 직장 상사가 지방 출장을 다녀오는 길에 차 안에서 덥석 손을 잡으며 좋아한다고 고백했다.
- Case 4: 출근길에 모르는 사람이 "치마가 짧아 좋다."라고 했다.

위의 사례 중 어떤 것이 성희롱에 해당할까? 정답은 Case 2와 3이다. Case 2는 시각적 성희롱에, Case 3은 신체적 성희롱에 해당하기 때문이다. 또한,

Case 1은 성희롱이 아닌 성차별에 해당하며, Case 4는 불쾌감을 주는 성적 언동에 속한다.

그렇다면 직장 내에서 발생하는 성희롱에 대처하기 위해서 어떻게 해야하는지 구체적으로 알아보자.

첫째, 거부 의사를 명확하게 그 자리에서 밝혀야 한다. 직장 내에서 누군가로 부터 성적인 불쾌감, 수치심, 굴욕감을 느꼈다면 해당 가해자에게 "싫다."라는 의사표현을 해야 한다. 대다수 가해자들이 "피해자가 당시에 '싫다'라고 한 적이 없어서 좋아하거나 대수롭지 않게 생각하는 줄 알았다."라는 말을 하곤 한다. 이처럼 자신의 감정 표현을 솔직히 하지 않으면 상대방은 습관적으로 그러한 행동을 반복할 수 있는 것이다. 그렇기 때문에 자기 스스로 거부감을 느끼는 행동을 상대방이 한다면 그 자리에서 분명하게 밝히는 것이 가해자 스스로의 잘못을 분명히 인식하게끔 하고, 앞으로 그런 행동을 반복하지 않도록 하는 분명한 경고 메시지가 되는 것이다. 또한, 행위자에게 거부 의사를 밝히기 어려울 경우 우체국의 내용증명 및 배달 증명제도를 활용하여 편지로 관련 행위를 중단해 줄 것을 요청하는 방법도 있다.

둘째, 거절 의사를 분명히 밝혔음에도 불구하고 지속적으로 반복된 행위를 하는 경우 관련 증거를 수집·정리할 필요가 있다. 가해자는 일반적으로 피해자가 거부감을 표현했을 때 부인하거나 모르쇠로 일관하는 경우가 있다. 이에 관련 증거를 객관적으로 증빙하기 위하여 녹음 등을 활용해서 성희롱 행위가 발생했던 날짜, 시간, 장소, 구체적인 내용, 목격자나 증인, 스스로가 받은 느낌 등을 녹음하여 객관적인 증거자료로 남길 필요가 있다. 이때에는 사전에 녹음 등의 준비를 하고 관련 대화를 어떻게 시작하고 이끌지 철저히 계획하는 것이 필요하다.

셋째, 피해자가 가해자에게 관련 내용을 항의하여도 이에 대한 적절한 조치가 없을 경우 사내의 성희롱 관련 고충 처리 기구와 절차를 이용, 사업주에게 성희롱 사실에 대한 조사 및 행위자에 대한 징계를 명시적으로 요구할 수 있다. 이때 역시 앞에서와 같이 녹음 준비를 하여 이후 해결 과정에서도 관련 증거로 활용될 수 있도록 하고, 사업주와의 면담 내용에 대한 입증 자료도 확보할 필요가 있다.

넷째, 외부 단체를 활용하는 방법이 있다. 앞선 단계에서 원활한 진행을 통해 해당 사실에 대한 사고와 이에 대한 조치를 받았다면 다행이겠지만 가해자와 근무하고 있는 기업에서 아무런 조치를 취하지 않을 경우 외부 기관을 통해 이에 대한 조치를 받을 수 있다. 이러한 기관은 민간단체의 고용평등상담실을 통해 상담 요청이나 절차, 방법 등에 대해 고지를 받을 수 있고, 노동부나 국가인권위원회에 진정을 접수하는 방법 등도 있다.

사례연구

불황기에 만연하는 직장 내 성희롱 실태

Case. 1 모 회사의 여직원들은 출근길이 두렵다. 행여나 모 부서 A부장과 만나면 하루 종일 기분이 찜찜하기 때문이다. 이유는 A부장의 몹쓸 손버릇에 있다. 그것은 자신과 눈이 마주치거나 인사를 하는 여직원의 귀를 만지는 것이다.

A부장의 손을 거쳐 간 여직원만도 10여 명. 아무리 싫은 내색을 비춰도 아랑곳하지 않는다. 이에 수많은 여직원들이 불만을 토로해도 남자 직원들의 반응은 시큰둥하다. 그게 무슨 성희롱이라고 난리냐는 것. 결국 여직원들은 오늘도 A부장을 피해 다니기만 할 뿐 적극적인 어필은 하지 못하고 있다.

Case. 2 28세의 직장여성 B씨. 그는 몇 달 전부터 사표를 가슴에 품고 회사로 향한다. 상사인 C씨의 말도 안 되는 제안을 듣고 난 후부터다. 입사할 때부터 유난히 자신에게 친절하게 대하던 C씨. 처음엔 아버지처럼 다정한 상사의 친절에 감동하기까지 했다.

그러던 어느 날 밤, B씨가 사는 동네로 찾아와 그를 불러낸 C씨는 다짜고짜 "사귀자."는 고백을 했다. 이것은 시작에 불과했다. C씨는 이후에도 수시로 B씨에게 개인적인 만남을 요구했고 급기야 "내 정부가 돼 주면 죽을 때 유산을 남겨 주겠다."는 제안까지 한 것.

더는 참을 수 없었던 B씨는 강하게 거절 의사를 밝혔다. 그러자 C씨는 갑자기 돌변했다. 다정하고 친절한 상사의 모습은 온데간데없고 과도한 업무를 떠안기는 등의 방법으로 복수를 하기 시작한 것. B씨는 "성희롱에 이어 불합리한 대우까지 받으며 회사를 다닐 수는 없어 심각하게 퇴사를 고민 중"이라고 말했다.

Case. 3 D씨는 '메신저 성희롱'을 했다가 해고당했다. 그는 여직원 E씨에게 메신저를 통해 남자 성기 사진을 보냈다. 사진을 보며 당황하는 여직원의 모습을 보려는 의도에서였다.

그 결과는 혹독했다. 얼마 후 자신에게 해고 통보가 내려진 것. 뒤늦게 안 사실은 E씨가 사진을 받자마자 사진과 메신저 대화 내용을 저장해 사장에게 넘겼다는 것. 명백한 증거 앞에서 변명조차 할 수 없었던 그는 결국 성희롱 가해자란 죄명으로 짐을 싸야 했다.

직장 내 성희롱이 만연해 가고 있다. 이 같은 사례들은 빙산의 일각에 불과하다. 남자 직원을 포함한 수많은 직장인들이 다양한 방식으로 성적 수치심을 느끼며 직장생활을 하고 있다.

〈사람인〉이 여성 직장인 729명을 대상으로 직장 성희롱의 실태에 대한 설문조사를 한 결과 39.1%가 '있다'고 대답했다. 회식 자리에서의 성희롱은 더욱 빈번했다. 절반이 넘는 52.3%가 회식 중 성희롱을 당했다고 답한 것. 성희롱을 당했던 상대는 51.2%가 직속 상사를 꼽았다. 다음으로 임원급 상사와 동료 직원이 그 뒤를 이었다.

성희롱의 방식도 점차 진화하고 있다. 특히 디지털 기기의 발달에 따라 성희롱도 달라지는 양상을 보였다. '삐삐'가 대중화됐던 시기에는 전화기에 대고 신음소리를 내보내는 방식이 유행을 했고 휴대폰이 등장하고부터는 야한 문자 메시지로 성희롱을 하기도 했다. 그러다 메신저가 유행하자 야한 사진이나 동영상을 보내는 성희롱까지 나타난 것이다. 이처럼 각종 방법으로 성적 수치심을 당한 피해자들은 제대로 어필을 하지 못하는 경우가 대부분이다. 그 이유 중 하나는 성희롱을 당했다는 사실이 알려지는 것을 꺼린다는 것.

특히 여자 직원들은 "쉬운 여자로 보이니까 성희롱을 당하지."라는 주위의 시선이 두려워 속앓이만 하는 경우가 많다. 오히려 가해자보다는 자신에게 책임을 돌리며 자책하는 여성까지 있을 정도다.

또 다른 이유는 직장생활에 불이익을 당할 수 있다는 두려움 때문이다. 대부분의 피해자들은 자신보다 지위가 높은 상사로부터 성희롱을 당한다. 윗사람의 잘못이나 허물을 공개하는 것을 꺼리는 우리의 문화가 성희롱 피해자들의 입을 막고 있고, 여기에 직장마다 불고 있는 구조조정 바람은 피해자들을 더욱 위축시킨다. 지금의 위기에 상사에게 찍혀서 좋을 것이 없다는 생각에서다.

– 일요시사, 2009년 1월 13일자

◢ 교육적 시사점

직장 내 성희롱은 수단과 대상이 점차 발전하고 있으며 그것을 뿌리뽑는 것에 앞서 미리 사전에 예방하는 방법을 살펴볼 필요가 있다.

탐구활동

1. 【사례연구】를 읽고 성희롱 피해자들이 제대로 된 조치를 취하지 못하는 이유에 대한 자신의 생각을 작성해 보자.

2. 자신이 【사례연구】의 E씨라면 어떻게 행동했을지 작성해 보자.

3. 자신이 생각하는 직장 내 성희롱을 퇴치하기 위한 방안을 작성해 보자.

학습평가

정답 및 해설 p.190

1 ( ) 안에 알맞은 말을 채워 넣으시오.

> 최근 직장, 학교, 회사 등에서 성희롱 문제가 수면 위로 끊임없이 등장하고 있다. 특히, 사회지도층은 물론 일상생활을 하는 직장 내에서 ( )에 의한 성희롱은 과거보다도 현대 사회에 와서 더욱더 드러나는 경우가 빈번하다.

2 직장 내 성희롱으로 인한 문제로 적절하지 않은 것을 고르시오.

① 피해자의 극심한 스트레스와 불안감
② 기업의 대내외적 이미지 손상
③ 피해자의 보복성 모방 범죄
④ 가해자의 개인적 죄책감

3 다음 중 성희롱에 해당하지 않는 것은?

① 가슴, 엉덩이 등 특정 신체 부위를 만지는 행위
② 음란한 사진, 그림, 낙서, 출판물 등을 게시하거나 보여주는 행위
③ 회식 자리 등에서 무리하게 옆에 앉혀 술을 따르도록 강요하는 행위
④ 무거운 짐을 혼자 들고 가는 여직원을 도와주는 행위

※ 제시된 발언이 성희롱에 해당되면 ○, 그렇지 않으면 ×에 ✓표시를 하시오. (4~6)

4 "30대가 됐는데 웬 미니스커트래~ 긴 치마를 입어야 하는 것 아닌가?" (○, ×)

5 "주말에 남자친구랑 여행 다녀왔다며? 당일치기 맞아?" (○, ×)

6 "새로 나온 걸그룹 봤어? 엄청 예쁘더라?" (o, ×)

7 성희롱에 대처하는 방안으로 적절하지 않은 것을 고르시오.

① 거부 의사를 명확하게 그 자리에서 밝힌다.

② 외부로의 고발은 기업의 이미지를 생각해서 지양한다.

③ 성희롱 행위가 발생했던 날짜, 시간, 장소, 구체적인 내용 등을 알 수 있도록 녹음한다.

④ 사내의 성희롱 관련 고충 처리 기구와 절차를 이용한다.

8 다음 보기에서 나머지와 성격이 다른 성희롱 사례를 고르시오.

① 음란한 농담이나 상스러운 이야기를 하는 행위

② 외모에 대한 성적인 비유나 평가를 하는 행위

③ 음란한 사진, 그림, 낙서 등을 게시하거나 보여주는 행위

④ 성적 관계를 강요하거나 회유하는 행위

직장 내 성희롱을 퇴치하기 위한 5가지 방법

1. 정면 대응하라

직장 내에서 성희롱을 당한 당신의 첫 번째 과제는 "나하고 잘 지내야 직장생활이 편해."라고 추근대는 상사를 맞상대해 문제를 해결해 내는 것이다.

2. 아군에게 도움을 요청해라

짓궂은 직장 동료 또는 상사와 맞서기가 겁나거나, 맞선 뒤의 영향이 걱정된다면? 회사 안에서 성희롱에 대한 이해가 비교적 잘 돼 있는 인사부나 익명의 전화 제보 시스템을 이용해 고발한다. 팀이나 부서의 책임자에게 도움을 요청하는 것도 방법이다. 대부분의 경영진은 사내 성희롱에 대해 민감하게 반응하며 그로 인해 조직에 문제가 생기는 것을 두려워한다.

3. 일지 작성은 필수

성희롱을 걸어온 시간과 날짜를 노트에 적어 둔다.

4. 외부에 도움을 청한다

회사 안에서 해결 못 한다면 외부로 눈을 돌려라. 관련 시민단체나 정부 기관에 도움을 요청하면 해당 기관의 공인노무사, 변호사나 전문 상담사가 당신을 도와줄 것이다.

5. 회사 정책에 이의를 제기해라

고용주에게 성희롱 문제 제기를 해놓지 않으면 회사 측은 성희롱 문제 발생 시 자기 방어만 할 수도 있다.

– 일요시사, 2009년 1월 13일자

학/습/정/리

1. 공동체 형성의 구성 요소는 다음과 같이 3가지이다.

  1) 공간: 장소 기반의 공동체와 공간 기반의 공동체로 구성된다.

  2) 사회적 상호 작용: 단순히 한 공간에 있다고 해서 저절로 생기는 것이 아니라 나의 자발적 의지와 상대방의 동일한 의지를 전제로 한다.

  3) 연대감 형성: 흔히 소속감, 우리 의식이라 표현되는 것으로 생각이나 의사를 단순히 주고받는 것이 아닌 그것을 넘어서 '함께'라고 하는 의식이 생겨난다.

2. 공동체 의식의 핵심 가치는 다음과 같이 4가지 요소로 구성된다.

  1) 봉사

  2) 책임

  3) 준법

  4) 예절

3. 직장에서의 예절은 일반적인 사항과 상황별에 따라 구분되어진다.

  1) 일반적인 직장예절

    ① 출근 시간은 필히 엄수: 최소한 15분 정도 여유 있게 출근해야 한다. 혹시나 모를 지각에 대비할 수 있고, 하루 일과를 어떻게 보낼지 정리할 수 있다.

    ② 결근 시에는 본인이 직접 연락: 갑작스런 사정으로 출근하지 못할 경우가 생겼을 때는 반드시 본인이 회사로 연락해서 사유를 밝히고 이에 따른 조치를 받아야 한다.

    ③ 친한 동료일수록 예의가 중요: 시간이 지남에 따라 개인적인 친함이 자칫 과하게 드러나는 경우가 있는데, 개인적 친함과 직장 내에서의 기본 예절은 반드시 구분해서 지켜야 한다.

  2) 상황별 직장예절

    악수할 때, 명함을 주고받을 때, 이메일을 주고받을 때, 음주 시 각 상황에 따른 다양한 직장예절이 존재하며 그것을 지켜야 한다.

4. 최근 직장, 학교 등의 장소에서 성희롱 문제가 수면 위로 끊임없이 등장하고 있다. 직장 내에서 발생하는 성희롱은 피해 근로자는 물론이거니와 행위자와 기업에 있어 모두 피해를 가져다 준다.

5. 직장 내에서 발생하기 쉬운 성희롱은 육체적·언어적·시각적 성희롱으로 구분할 수 있으며 이러한 행동을 자각하지 못해 성희롱이 일어나는 상황이 많이 발생한다.

6. 직장 내 성희롱을 방지하기 위하여 다음과 같은 다양한 예방책이 시행되고 있다.

  1) 직장 내 성희롱 금지 의무

  2) 직장 내 성희롱 피해자 등에 대한 불이익 조치 금지

  3) 직장 내 성희롱 예방교육 실시 의무

4) 사업주는 직장 내 성희롱 사건이 발생하면 지체없이 행위 자체에 대하여 징계, 그밖에 이에 준하는 조치를 취하여야 함

5) 자율적 해결을 위한 장치 마련

7. 성희롱 상황 발생 시 대처 방법

1) 거부 의사를 명확하게 그 자리에서 밝혀야 한다.

2) 거절 의사를 분명히 밝혔음에도 불구하고 지속적으로 반복된 행위를 하는 경우 관련 증거를 수집·정리할 필요가 있다.

3) 사내의 성희롱 관련 고충 처리 기구와 절차를 이용한다.

4) 외부 단체를 활용한다.

사후 평가[6]

체크리스트

직업기초능력으로서 직업윤리를 학습한 것을 토대로 다음 표를 이용하여 자신의 수준에 해당되는 칸에 ✔표 하시오.

구분	문항	매우 미흡	미흡	보통	우수	매우 우수
직업 윤리	1. 나는 윤리적 인간이란 어떠한 사람을 말하는지 설명할 수 있다.	1	2	3	4	5
	2. 나는 윤리적 규범이 어떻게 형성되는지 설명할 수 있다.	1	2	3	4	5
	3. 나는 윤리의 의미를 설명할 수 있다.	1	2	3	4	5
	4. 나는 일과 인간의 삶의 관계를 설명할 수 있다.	1	2	3	4	5
	5. 나는 직업의 의미를 설명할 수 있다.	1	2	3	4	5
	6. 나는 우리의 입신출세론의 문제점을 설명할 수 있다.	1	2	3	4	5
	7. 나는 개인윤리와 직업윤리의 관계를 설명할 수 있다.	1	2	3	4	5
	8. 나는 직업윤리의 의미를 설명할 수 있다.	1	2	3	4	5
	9. 나는 개인윤리와 직업윤리는 어떻게 조화되는지 설명할 수 있다.	1	2	3	4	5
근로 윤리	1. 나는 근면의 의미를 설명할 수 있다.	1	2	3	4	5
	2. 나는 근면의 종류를 설명할 수 있다.	1	2	3	4	5
	3. 나는 근면에서는 어떠한 자세가 필요한지 설명할 수 있다.	1	2	3	4	5
	4. 나는 정직의 의미를 설명할 수 있다.	1	2	3	4	5
	5. 나는 우리 사회의 정직성 수준을 설명할 수 있다.	1	2	3	4	5
	6. 나는 정직과 신용 구축을 위한 네 가지 지침을 설명할 수 있다.	1	2	3	4	5
	7. 나는 성실의 중요성을 설명할 수 있다.	1	2	3	4	5
	8. 나는 성실의 의미를 설명할 수 있다.	1	2	3	4	5
	9. 나는 돈벌이에 있어서 성실한 사람과 그렇지 않은 사람의 차이를 설명할 수 있다.	1	2	3	4	5
공동체 윤리	1. 나는 봉사의 의미를 설명할 수 있다.	1	2	3	4	5
	2. 나는 "SERVICE"의 7가지 의미를 설명할 수 있다.	1	2	3	4	5
	3. 나는 책임의 의미를 설명할 수 있다.	1	2	3	4	5

4. 나는 제조물 책임의 의미를 설명할 수 있다.	1	2	3	4	5
5. 나는 준법의 의미를 설명할 수 있다.	1	2	3	4	5
6. 나는 예절의 의미를 설명할 수 있다.	1	2	3	4	5
7. 나는 직장에서의 예절을 설명할 수 있다.	1	2	3	4	5
8. 나는 성예절 의미를 설명할 수 있다.	1	2	3	4	5
9. 나는 직장 내 성희롱 성립 요건을 설명할 수 있다.	1	2	3	4	5

평가 방법

체크리스트의 문항별로 자신이 체크한 결과를 아래 표를 이용하여 해당하는 개수를 적어 보자.

학습모듈	점수		총점	총점/문항 수	교재 Page
직업윤리	1점 × ( )개			총점 / 9 = ( )	pp.14~61
	2점 × ( )개				
	3점 × ( )개				
	4점 × ( )개				
	5점 × ( )개				
근로윤리	1점 × ( )개			총점 / 9 = ( )	pp.64~113
	2점 × ( )개				
	3점 × ( )개				
	4점 × ( )개				
	5점 × ( )개				
공동체윤리	1점 × ( )개			총점 / 9 = ( )	pp.116~183
	2점 × ( )개				
	3점 × ( )개				
	4점 × ( )개				
	5점 × ( )개				

평가 결과

모듈별 평균 점수가 3점 이상이면 '우수', 3점 미만이면 '부족'이므로, 평가 수준이 '부족'인 학습자는 해당 학습모듈의 교재 Page를 참조하여 다시 학습하십시오.

---

6) 출처: 직업윤리 학습자용 워크북 pp.99~100, 국가직무능력표준 홈페이지(http://www.ncs.go.kr)

NCS
직업기초능력평가

직업
윤리

정답 및 해설

정답 및 해설

제1장 1절 p.30

1 정답: ①
  해설: 타인과의 관계를 통해 그 존재를 드러
  내는 것은 인간이 사회적 존재이기 때
  문이다.
2 정답: 사람, 사람
3 정답: Ethics, Moral
4 정답: 목적론적
5 정답: ④
  해설: 목적론적 윤리설을 주장하는 의견
  이다.
6 정답: ③
  해설: ①, ②, ④는 의무론적 윤리설 또는 의
  무론적 윤리설과 비슷한 입장인 윤리
  적 절대주의에 대한 내용이고, ③은
  목적론적 윤리설에 대한 내용이다.

제1장 2절 p.46

1 정답: 방향성, 결과
2 정답: ①
  해설: 직업이 가지는 가치 중에 경제적인 이
  유도 있지만 단순히 '돈'을 벌기 위한
  의무적 행동이라는 것은 잘못된 표현
  이다.
3 정답: ②
  해설: 직업활동은 상호 간에 도움을 주고받
  는, 즉 사회적 가치를 지니고 있다.
  ①, ④는 직업의 자아실현적 가치에
  대한 설명이다.
4 정답: ①
  해설: ①은 교육 수준을 고려한 선택이며,
  ②, ③, ④는 개인의 적성을 고려한 선
  택이다.
5 정답: 사회적 가치
6 정답: ②
  해설: 공감대가 형성되어 있고, 정서적으로
  많은 영향을 주는 존재는 친구이다.

제1장 3절 p.59

1 정답: 도덕적 가치관
2 정답: ④
  해설: ④는 '윤리'의 개념이다.
3 정답: 가치 기준
4 정답: ②
  해설: 본능적 욕구 중심의 삶은 직업윤리와
  는 거리가 멀다.

제2장 1절 p.76

1 정답: 사용자, 노동자
2 정답: ③
  해설: 경쟁사를 비방하는 행동은 공정한 경
  쟁이 아니므로 기업윤리를 위반한 사
  례로 볼 수 있다.
3 정답: ①
  해설: 눈앞에 이익이 있더라도 근로윤리를
  준수하려면 정당한 방법으로 이익을
  취해야 한다.
4 정답: 사회적 기업
5 정답: 있는 그대로

제2장 2절 p.98

1 정답: 근면
2 정답: ×
3 정답: ○
4 정답: ×
5 정답: ×
6 정답: ○
7 정답: ④
8 정답: ④
  해설: 성실하기 위한 원칙으로는 꾸준함, 포
  기하지 않음, 강인함이 해당된다.
9 정답: 정직

제2장 3절 p.110

1 정답: 수단, 편견, 고정관념
2 정답: ×
3 정답: ×
4 정답: ○
5 정답: ○
6 정답: ○

제3장 1절 p.124

1 정답: 다른 사람
2 정답: 공동체
3 정답: ③
  해설: 극심한 개인주의는 공동체 구성에 필요한 요소와 거리가 멀다.
4 정답: ②
  해설: 군락 형성은 과거 공동체 구성의 핵심 요인이며, 현대 사회와는 거리가 멀다.
5 정답: ②
  해설: 개인은 공동체 안에서만 존재하는 것이 가능하다.

제3장 2절 p.148

1 정답: 봉사, 서비스
2 정답: ○
3 정답: ○
4 정답: ○
5 정답: ×
6 정답: ×
7 정답: ×
8 정답: ○
9 정답: ×
10 정답: ③
  해설: 고객 접점 서비스는 일상생활에서부터 비롯된다.
11 정답: 회피
12 정답: ×
13 정답: ×
14 정답: ○
15 정답: 예의, 범절

16 정답: ①
  해설: 상대방과 비슷한 표정을 하는 것으로 공감대를 형성하는 것이 중요하다.
17 정답: ②
  해설: 고객과 상담을 하기 전에 먼저 고객이 편하게 상담을 받을 수 있는 자리를 마련해 주어야 한다.
18 정답: ①
  해설: 성격이 급한 유형의 고객에 해당하는 대응 요령으로, 성격이 급한 고객에게는 현재의 진행 상황과 일처리가 이루어지고 있음을 지속적으로 숙지시켜야 한다.

제3장 3절 p.164

1 정답: ④
  해설: 친한 동료일수록 실수하지 않도록 조심해야 한다.
2 정답: ④
  해설: 악수는 왼손잡이도 오른손으로 해야 예절에 어긋나지 않는다.
3 정답: ②
  해설: 명함을 건넬 때에는 고객이 보기 편한 방향으로, 고객보다 먼저, 2인 이상의 경우 윗 직급부터 건넨다.
4 정답: ②
  해설: 이메일을 보낼 때에는 제목은 내용과 관련하여 작성하고, 내용은 구체적인 문장으로 작성하며 이모티콘은 가급적 사용하지 않아야 한다.
5 정답: ①
  해설: 상사에게 술 권유를 할 때에는 높은 직급의 상사부터 권하여야 한다.
6 정답: ②
  해설: 선배와 후배 중 악수를 청하는 사람은 선배이다.
7 정답: ①
  해설: 좌석 배치 시 윗사람의 좌석은 출입구에서 먼 쪽, 가장 안쪽이어야 한다.
8 정답: ④
  해설: 상가에 들어갈 경우 코트를 벗고 안에 들어가야 하며, 영정 앞에 앉아서 분향을 해야 하고, 향을 불어서는 안 된다.

제3장 4절 p.179

1 정답: 상사

2 정답: ③

해설: 피해자의 보복성 모방 범죄는 현실적으로 대두되지 않고 있는 사항이다.

3 정답: ④

해설: 동료를 도와주는 행위는 범죄로 보기 힘든 사항이다.

4 정답: ○

5 정답: ○

6 정답: ×

7 정답: ②

해설: 필요에 따라서는 민간단체의 고용평등상담실 또는 노동부, 국가인권위원회에 진정을 접수하는 방법도 있다.

8 정답: ③

해설: ③은 시각적 성희롱에 해당하고, 나머지는 언어적 성희롱에 해당한다.

참고 문헌

신용하(2011). 한국의 사회윤리—기업윤리·직업윤리·사이버윤리. 한국사회학 제45집 2호

김기훈(1999). 한국인의 직업윤리에 관한 연구. 한국직업능력개발원

장홍근·한상근·이지연·정윤경·홍두승·서우석·이기홍(2006). 한국인의 직업의식과 직업윤리. 한국직업능력개발원. 연구보고서 2006-7

KSA 고객응대서비스 이행 매뉴얼(2009). 한국표준협회 미디어. 한국표준협회

윤소영(2009). 공동체 활동 관련 사례분석 및 지원방안. 한국문화관광연구원

요양보호사의 직업윤리와 자기개발(2011). 요양보호사 직무교육 교재. 보건복지부

색다른 직업, 생생한 인터뷰(2013). 한국고용정보원

박가열(2014). 미래의 직업연구. 한국고용정보원

새마을 운동 사례 연구(2013). 중앙공무원교육원

새마을 운동 사례 연구(1980). 내무부

윤리학과 도덕교육 1(2007). 박병기·추병완. 인간사랑

서양 윤리학사(2003). 로버트 L. 애링턴. 서광사

윤리학의 이론과 역사(2009). W. S. 사하키안. ㈜박영사

쉽게 풀어 쓴 인성교육과 직업윤리(2015). 우영효. 동문사

현대사회와 직업윤리(2013). 최훈. 강원대학교출판부

직업은 직업이고 윤리는 윤리인가(2013). 이관춘. 학지사

직업윤리 학습자용 워크북. 한국산업인력공단

저 / 자 / 소 / 개

NCS 직업기초능력 분과
연구위원
송유준

송유준 연구위원은 한국교원대학교 윤리교육과 및 한양대학교에서 인재개발 교육을 전공하였으며, 동국대학교 역량개발 추진위원 및 한양대학교 인재개발원 위촉위원, 중등학교 및 HRD 관련기업에서 15년 이상 교육전문가로 활동하고 있습니다. 현재 ㈜다인리더스 에듀테크센터 책임자로 대학생 역량모델링 및 경력개발(CDP)시스템 분야에서 활동하고 있으며, 한국표준협회와 함께 기업·공공·대학을 위한 핵심 역량개발 지원체계 및 NCS 관련 컨설팅을 진행하고 있습니다. 또한 서울대학교, POSTECH, UNIST, 아주대학교, 충북대학교 등에서 대학생 전 생애주기에 대한 데이터 기반 통합관리와 성과분석을 바탕으로 대학생의 역량을 개발, 성과분석 및 대학의 경쟁력 강화 방안을 강구하고 있습니다. 이와 함께 성공적인 사회 진출을 위한 맞춤형 상담지원 체제 및 취업률 제고를 위한 프로그램 개발에 힘쓰고 있습니다.